云南省农村扶贫开发模式研究

YUNNANSHENG NONGCUN FUPIN
KAIFA MOSHI YANJIU

金 璟　李永前　著
李雄平　张 毅

西南财经大学出版社

图书在版编目(CIP)数据

云南省农村扶贫开发模式研究/金璟,李永前,李雄平,张毅著.—成都:西南财经大学出版社,2014.6
ISBN 978-7-5504-1426-6

Ⅰ.①云… Ⅱ.①金…②李…③李…④张… Ⅲ.①农村—扶贫—研究—云南省 Ⅳ.①F323.8

中国版本图书馆 CIP 数据核字(2014)第 107440 号

云南省农村扶贫开发模式研究

金 璟 李永前 李雄平 张 毅 著

责任编辑:孙 婧
助理编辑:涂洪波
封面设计:墨创文化
责任印制:封俊川

出版发行	西南财经大学出版社(四川省成都市光华村街 55 号)
网　　址	http://www.bookcj.com
电子邮件	bookcj@foxmail.com
邮政编码	610074
电　　话	028 - 87353785　87352368
照　　排	四川胜翔数码印务设计有限公司
印　　刷	郫县犀浦印刷厂
成品尺寸	170mm × 240mm
印　　张	11.25
字　　数	205 千字
版　　次	2014 年 6 月第 1 版
印　　次	2014 年 6 月第 1 次印刷
书　　号	ISBN 978 - 7 - 5504 - 1426 - 6
定　　价	39.00 元

1. 版权所有,翻印必究。
2. 如有印刷、装订等差错,可向本社营销部调换。

前　言

云南省位于我国西南边陲，是一个以农业为主的高原山区省份，土地总面积 3 940 万公顷，高原、山地面积广大，占全省国土面积的 94%，丘陵、平坝地区仅占 6%。云南省有 4 659 万人口，农村人口超过 60%。按照国家新确定的农民人均纯收入 2 300 元的扶贫标准，至 2010 年，云南省还有农村贫困人口 1 500 万人左右，约占 3 838 万农业人口的 39%，位居全国第三。其中，农民人均纯收入低于 785 元以下的深度贫困人口还有 160.2 万人。他们主要分布在云南省乌蒙山片区、滇桂黔石漠化区、滇西边境山区和藏族聚居区四个连片特困地区共 85 个县。经过近 30 年的扶贫努力后，虽然云南省在农村贫困人口的减少方面取得了很大成绩，但农村扶贫开发任务依然艰巨：农村贫困人口的绝对数仍然庞大；大多数贫困人口居住在自然条件恶劣且交通不便的深山区、石山区、高寒山区，消除贫困的难度大；已脱贫人口常因自然灾害和疾病等返贫。农村扶贫开发效率出现下降趋势，不同扶贫模式差异较大。因此，进一步深入创新云南农村扶贫开发模式的研究，对于提高云南新阶段农村扶贫开发的效率和水平，实现既定发展目标，具有重要的现实意义。

本书立足于对云南贫困地区特别是四个集中连片特困地区现有扶贫开发模式的归纳与经验总结的基础上，通过对云南农村扶贫的现有不同模式进行对比，分析不同扶贫模式的优缺点及适应环境，找到不同扶贫模式的比较优势、扶贫资金投入的使用效率、不同扶贫模式的扶贫效率，进而探索出云南创新农村扶贫开发模式的新举措。

本书从理论和实践两方面探讨了云南的扶贫问题。理论部分归纳总结了国内外的扶贫理论；对我国主要扶贫模式进行了评价；对云南的扶贫历史进行了回顾，并对云南未来的扶贫工作进行了定位；分析了云南下一步的扶贫重点乌蒙山片区、滇桂黔石漠化区、滇西边境山区和藏族聚居区的贫困状况、扶贫进展和今后的扶贫重点、难点；从不同主体、不同手段及不同地区的角度总结云南各种扶贫开发模式在实际扶贫过程中取得的成就，并对存在的问题进行了分析。通过总结现有扶贫开发模式存在的问题，就今后进一步减少贫困、增加农民收入提出了政策建议。实践部分主要就某些贫困问题包括扶贫模式创新、农村最低保障制度问题、生态环境与扶贫问题等进行了专题讨论。

本书的完成是集体智慧的结晶。我们在吸收国内外有关研究成果的基础上，对云南部分贫困地区进行了走访调研，并完成了关于农村贫困问题的相关论文。在历时两年多的调研中，参与者有云南农业大学经管学院的李永前、金璟、张毅、起建凌、田东林、李雄平、陈蕊老师；云南省迪庆藏族自治州香格里拉县农业局的邓秀英、丽江市玉龙县林业局的张永华、怒江傈僳族自治州泸水县农业局的杨长珍；还有部分云南农业大学经管学院的硕士研究生张灵静、刘彬、王珊珊、李珊珊、谢晶、李冰等同学。

本书的理论部分主要由以下作者完成：绪论和第五章结论与政策建议由李永前、李姗姗完成，第一章理论基础和第二章云南省集中连片特困地区现状由张毅、田东林完成，第三章云南省农村扶贫开发回顾及定位和第四章云南省现有扶贫开发模式分析由金璟、李雄平完成。全书最后由金璟老师统一修改校订，完成定稿工作。

本书在资料收集整理和撰写过程中还得到了很多同行和同事的指导和帮助，在此表示衷心感谢。

最后，还要感谢西南财经大学出版社的大力支持和编辑孙婧、涂洪波的认真工作。此外，本书还引用了国内外大量参考文献及学术观点，在此一并表示感谢！

作　者

2014 年 3 月

目 录

第一篇 理论篇

绪论 / 3

第一章 理论基础 / 8

第一节 国外研究概述 / 8

第二节 国内研究概述 / 19

第三节 中国农村主要扶贫开发模式评价 / 23

第二章 云南省集中连片特困地区现状 / 27

第一节 乌蒙山区 / 27

第二节 石漠化地区 / 30

第三节 滇西边境山区 / 33

第四节 藏族聚居区 / 38

第三章 云南省农村扶贫开发回顾及定位 / 42

第一节 历史进程 / 42

第二节 云南省扶贫面临的新形势 / 46

第三节 云南省新时期的扶贫定位 / 48

第四章　云南省扶贫开发模式分析 / 50

　　第一节　不同主体主导下的扶贫开发模式 / 50

　　第二节　不同手段的扶贫开发模式 / 58

　　第三节　特殊地区的扶贫开发模式 / 66

第五章　结论与政策建议 / 72

　　第一节　研究结论 / 72

　　第二节　政策建议 / 74

第二篇　实践篇

第六章　相关论文 / 91

第七章　调查问卷 / 134

参考文献 / 140

附录 / 145

第一篇 理论篇

绪 论

一、选题背景和意义

云南省地处西南边疆，是一个以农业为主的高原山区省份，土地总面积3 940万公顷，高原、山地面积广大，占到了全省国土面积的94%，丘陵、平坝地区仅占6%，农村人口众多，持有农业户口人数的比重超过60%，农民收入水平整体偏低，是一个经济欠发达的农业省。消除农村贫困、实现城乡协调发展是云南省委、省政府的长期目标，也是构建和谐社会的重要手段之一，更是社会主义新农村建设的重要内容。虽然云南省在农村贫困人口的减少方面取得了很大成绩，但农村扶贫开发任务依然艰巨：农村贫困人口的绝对数仍然庞大；大多数贫困人口居住在自然条件恶劣且交通不便的深山区、石山区、高寒山区，消除贫困的难度大；已脱贫人口常因自然灾害和疾病等返贫；农村扶贫开发效率出现下降趋势，不同扶贫模式差异较大。因而，进一步深入创新云南农村扶贫开发模式的研究，对于提高云南新阶段农村扶贫开发的效率和水平，实现既定发展目标，具有重要的现实意义。

目前，我国共有592个国家扶贫开发工作重点县，分布在全国21个省、自治区、直辖市。同时，各省、自治区、直辖市还划定了数量不等的省级扶贫开发重点县，对区域经济社会发展产生了重要影响。实施扶贫开发工作30多年来，我国贫困县域经济社会事业取得了长足的进步，少数贫困县甚至实现了跨越式发展，成为区域经济发展的强县。但从总体上看，绝大多数贫困县与其他县域发展差距呈现日益扩大的趋势，地方生产总值、财政收入、农民人均收入等主要经济指标严重滞后。2012年3月国务院扶贫开发领导小组办公室在其官方网站发布了国家扶贫开发工作重点县名单。名单上包含了全国592个贫困县，包含中部省份217个县、西部省份375个县。该名单显示，在中国西部省份贫困县最多，其中贫困县最多的省份是云南，有73个；其次是陕西和贵州，各有50个。据统计，2009年592个国家扶贫开发工作重点县的地方生产总值合计22 196.9亿元，仅占全国国内生产总值（335 353亿元）的6.6%；人均地区生产总值为9 348.6元，仅为全国县市平均水平（18 878元/人）的49.5%。地方财政一般预算内收入为1 018亿元，严重落后于全国平均水平，贫困县财政收支长期处于入不敷出的状态，并且呈逐年加大的趋势。地方财政一般预算收入与地方财政支出的差额从2001年的619亿元扩大到2009年的4 413亿元，收支比从2000年的1:2.6拉大到2009年的1:5.3，需要国家转移支付和各项扶贫项目投资开发的工作重点县覆盖了农村贫困人口2 175万人。农村贫困人口发生率为10.7%，约占全国农村贫困人口总数的60.5%[①]，亟待进一步增强贫困县的脱贫发展能力。云南省乌蒙山区、滇桂黔石漠化区、滇西边境山区和藏族聚居区4个连片特困地区共85个县，占全省129个县（市、区）的66%；人口2 784万人，占全省总人口的63%。这4个地区是云南省贫困人口比重最大、深度贫困人口最集中的地区。按照原1 274元的扶贫标准，有贫困人口288万人，占全省贫困人口总数的89%。其中，深度贫困人口147.5万人，占全省深度贫困人口的92%。农民人均纯收入3 081元，仅为全省农民人均纯收入的77.9%。少数民族人口1 058万人，占全省少数民族的74.4%，8个人口较少民族基本集中在4个地区内。云南省贫困面大、贫困程度深。按照国家新确定的农民人均纯收入2 300元的扶贫标准，目前云南省还有农村贫困人口1 500万人左右，约占3 838万农业人口的39%，位居全国第三；其中农民人均纯收入低于785元以下的深度贫困人口还有160.2万人。

当前，云南农村贫困人口的空间分布主要呈现为点（贫困村）、线（边境贫困带）、片（特殊贫困区）状态。而云南省委、省政府早在2012年就启动了乌蒙山区、石漠化区、滇西边境山区、藏族聚居区4个连片特困地区的区域发展和扶贫攻坚工作，同时在2012年召开的党的十八大会议中提出了收入倍增计划，使本课题研究具有如下价值：

（1）创新云南农村扶贫开发模式新举措为实现党的十八大所提出的2020年比2010年人均收入倍增目标在云南贫困地区的实现探索新的扶贫路径，同时也为云南省委、省政府加快四个连片特困地区扶贫攻坚提供了工作思路。

（2）创新云南农村扶贫开发模式新举措与党的十八大所提出的坚持走中国特色新型工业化、信息化、城镇化和农业现代化（简称"四化"）道路相

---

① 国家统计局农村社会经济调查司. 2009中国农村贫困监测报告[M]. 北京：中国统计出版社，2009.

结合，实践云南贫困地区的"四化"同步发展之路。

（3）创新云南农村扶贫开发模式新举措在于促进农民增收，加快贫困县的脱贫步伐，缩小区域发展差距，构建区域间协调互动机制，并强化贫困县域经济的产业支撑以实现全面建成小康社会的目标。

二、国内外研究现状

反贫困的理论与实证研究一直是国内外经济学和社会学的研究热点。这些研究主要是：西方经济观点有马尔萨斯的土地报酬递减理论、纳克斯的贫困恶性循环理论、纳尔逊的低水平均衡陷阱理论、罗森斯坦·罗丹的大推进理论、莱宾斯坦的临界最小努力理论、舒尔茨的人力资本理论以及关于小农贫穷但有效率的观点。这些观点认为农村贫困地区之所以存在"贫困恶性循环"、"低水平均衡陷阱"，根本原因是资本匮乏。资本资源是经济发展的主要障碍及关键所在，要克服资本约束，促使资本形成，启动经济发展。关于我国农村扶贫开发模式的研究尚处于探索之中。汪三贵较早对贫困地区的经济开发模式进行研究，将其概括为以资源为主体的资源依托型、以资金积累为主的资产积累型和以技术带动的技术驱动型模式。朱凤岐等人总结了我国五种扶贫开发模式：直接扶持贫困农户模式、农民自愿组成经济合作互助组织模式、开发项目建设模式、组织社会力量模式和东西合作帮扶模式。陈彬文认为，应特别重视因地制宜地选择和运用扶贫攻坚模式。而曹洪兵则认为，造成贫困问题的根本原因是制度失败，也就是社会没有获得经济效率尤其是分配效率。20世纪90年代中期以来，随着我国政府大规模扶贫开发的不断推进和各地不同的扶贫开发模式的涌现，国内外学者针对农村扶贫模式开展了大量的研究工作。1998年，中国（海南）改革发展研究院"反贫困研究"课题组首次明确提出了"扶贫模式"的概念，认为扶贫模式与治理结构是一个问题的两个方面。贫困是社会问题，更是经济问题，反贫困需要组织和动员包括贫困地区与贫困人口在内的社会各方面资源，共同作用于发展区域经济和消除贫困的双重目标。

三、需要进一步研究的问题

本书围绕党的十八大报告中提出的收入倍增计划，坚持走"四化"同步发展之路，实现"美丽中国"的蓝图；同时，根据云南省委、省政府提出的打好县域经济、民营经济、园区经济"三大战役"，实现跨越式发展的目标，结合云南农村扶贫开发模式实际情况开展研究。本书立足于对云南贫困地区特别是四个集中连片特困地区现有扶贫开发模式的归纳与经验总结的基础上，建议创新云南扶贫开发模式新举措应考虑从"农"字的视角和"非农"的视角对云南贫困地区农民收入的各种影响因素进行深入分析；并通过对云南农村扶贫的现有不同模式进行对比，分析不同扶贫模式的优缺点及适应环境，找到不同扶贫模式的比较优势、扶贫资金投入的使用效率、不同扶贫模式的扶贫效率，进而探索出云南创新农村扶贫开发模式的新举措。云南农村扶贫开发模式新举措应着力解决贫困地区当前脱贫速度减缓、扶贫资金渗漏、农村社会性别问题，增加贫困地区及贫困人群获得更好国民待遇的机会，提高政府扶贫效率。新的扶贫开发模式需要因地制宜地在贫困地区实现企业聚集、产业聚集和人口聚集，以产业化发展带动扶贫开发进程，以城镇化发展拉动贫困地区经济发展，以扶贫开发工作推动贫困地区跨越式发展，从而实现扶贫的终极目标。

四、研究思路和方法

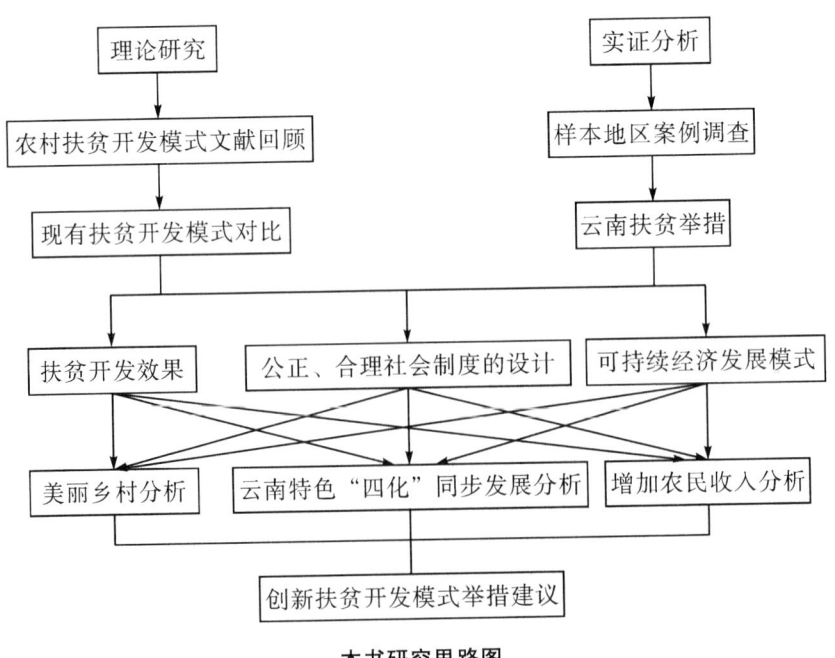

本书研究思路图

本书将已有的扶贫开发模式文献回顾与实地调查相结合，拟采用抽样调查法、贫困农户代表人物访谈法、典型案例调查法开展相关案例调查工作，收集有代表性的调查点数据，使用回归分析模型与 SPSS 软件对数据和样本进行定量研究，分析扶贫开发模式的扶贫效果，以研究出云南创新扶贫开发新模式。

五、创新之处

（1）研究视角方面：创新扶贫开发模式新举措的定位问题。通过云南创新扶贫开发模式新举措探索贫困地区农户收入增加与县域经济发展协调并行，实现政府的角色转换、非政府组织的作用发挥、全社会的参与以及国际反贫困合作以及扶贫开发新举措要实现诸多国家及地方政府的蓝图、规划、目标的可行性、操作性和推广性。

（2）研究方法方面：以云南乌蒙山区、石漠化区、滇西边境山区、藏族聚居区四个连片特困地区为案例调查基础，结合历年的《中国农村扶贫开发纲要》文献，采取定性与定量相结合，强调定量研究，使用回归分析模型与 SPSS 软件对数据和样本进行定量研究，在此基础上对扶贫开发模式的扶贫效果进行定量和定性评估，得出创新扶贫开发模式新举措的成本、效益和扶贫效率以及扶贫模式投入对改善农户的生产和生活条件的贡献份额。

（3）研究内容方面：立足于对云南贫困地区现有扶贫开发模式的归纳与经验总结的基础上，考虑从"农"字的视角和"非农"的视角对云南贫困地区农民收入的各种影响因素进行定性与定量分析；通过对云南农村扶贫的不同模式进行对比，分析不同扶贫模式的优缺点及适应环境，找到不同扶贫模式的比较优势、扶贫资金投入的使用效率、不同扶贫模式的扶贫效率，进而探索出云南创新农村扶贫开发新模式。

第一章 理论基础

第一节 国外研究概述

一、贫困定义的研究

定义贫困是研究扶贫的首要问题。贫困，既是一个普通的经济现象，又是一个内涵复杂的社会问题。不同的学科，不同的思想体系，不同的社会制度对贫困的理解和解释是不同的。对贫困的认识包括绝对贫困、相对贫困和主观贫困。

对于贫困问题的最早的研究可追溯到一百多年前，英国学者朗特里和布思开创了对贫困问题的理论和实证相结合的研究领域。1901年朗特里在《贫困：城镇生活的研究》一书中首先提出了"绝对贫困"这一概念，并对"贫困"进行了明确定义："如果一个家庭的总收入不足以维持家庭人口最低生理需要，那么，这个家庭就基本上陷入了贫困之中。"这一经典的定义影响了20世纪的贫困研究。关于绝对贫困的表述有很多，但从本质上讲，都是从人的生存角度出发，以维持人的生理效能的最低需要为标准加以限定，因此绝对贫困也称为生存贫困。其特点主要表现为：从生产方面看，劳动力缺乏再生产的物质基础和条件，甚至难以维持自身的简单再生产；从消费方面看，它表现为不能获得满足衣、食、住、行等人类最基本的生存需要。

由于"最低生理需要"的内涵过于狭隘，联合国开发计划署和国际劳工组织把贫困和"人的基本需要"联系起来，并进一步明确人的基本需求至少应该包括基本生理需要，如食物、衣着、住房和医疗；基本的文化需要，如教育和医疗。此后，不少学者从不同的角度对"贫困"进行了定义。卡恩（A. Khan, 1977）列出了基本需要的核心内容，分别是食物、衣着、住房、医疗、教育和饮用水。一些研究贫困问题的学者指出，基本需要的范围不是一成不变的，随着时间和空间的变化推移而不断地扩大，标准不断地提高，从某种意义上而言，绝对贫困也不是"绝对"的。

绝对贫困的概念的确立是与一定社会背景和经济发展水平相联系的，因此具有一定的相对性。在20世纪六七十年代提出了"相对贫困"的概念。

相对贫困是指从事实上看，某些人的生活水平低于社会上其他人的生活水平。美国斯坦福大学经济学教授V.法克思（Victor Fuchs）最早提出了相对贫困的概率，对美国的贫困进行了相对贫困的测量，认为贫困人口应属于人口收入分布中值的50%。英国学者汤森德（P. Townsend，1962）提出贫困只能是相对意义的贫困，是指其收入远远低于社会平均水平的这一部分人群。从此定义来看，只要存在收入差距和低收入阶层，贫困就无法消除。贫困与社会经济发展水平无关，仅与收入差距有关。绝对贫困说的是生物（生理）特征，而相对贫困说的是社会特征。所以，应该将那些虽然生活在一定的物质富裕条件下，但在社会关系或政治关系方面以及在休假问题上感到有问题的居民群体归入相对贫困群体。可见，绝对贫困关涉生命权和生存权，是包含基本人权的法律问题，而相对贫困是道德问题，属于社会公平范畴。

主观贫困是指家庭和个人自我认定的一种贫困状况，由家庭或个人来判断是否处于贫困状态，这种评判标准带有一定的主观色彩。这一概念提出了贫困人口的识别和认定应该考虑公众和个人的意见，不同类型的家庭会有不同的基本需求，在界定贫困时应考虑这方面的差别因素，认为只有公众自己最了解其生存状态。

贫困是经济、社会、文化落后现象的总称。但首先是指经济范畴的贫困，一个人或一个家庭的生活水平达不到一种社会可以接受的最低标准时，即可定义为物质生活贫困。

1998年诺贝尔经济学奖得主、印度的经济学教授阿玛蒂亚·森认为，应该从概念上将贫困定义为能力不足而不是收入低下。

联合国开发计划署在21世纪初对"贫困"进行定义时指出，贫困远不止是通常说的"收入不足"，实质是人类发展必需的机会和选择权被排斥，恰恰这些要素才能把人们引向长期"健康和创造性的生活"。因此，21世纪的反贫困战略，将以提高人的知识资产、提高人的发展能力为核心。

二、贫困成因的研究

贫困是一个十分复杂的问题，是一个多因素综合作用的结果，其发展过程受到一系列内部和外部因素的制约。这些限制因素广泛地存在于自然条件、经济发展、社会生活和政府行为之中，构成了"贫困"状态的基本成因集合。

（1）资源、环境约束型贫困。绝对贫困地区大多是穷山恶水区，恶劣的环境和资源的短缺构成了深度贫困的基本成因。

（2）能力约束型贫困。一个地区经济的发展能力，主要是由其经济主体的人力资本状况以及各经济主体进行经济活动的协作方式和程度等因素决定的。因此，目前关于贫困问题的研究都承认，人力资本水平低和缺乏强有力的经济组织是制约贫困地区农村发展的两个主要因素。

人力资本约束型贫困是指人力资本水平即人的能力和素质低下对贫困地区发展的制约，主要表现在对产出量和生产率提高的限制上。因此，世界银行在1990年世界发展报告中明确指出：如果不对穷人的人力资本做较大的投资，那么从长远来看，减轻贫困的努力不太可能取得成功。

组织能力约束型贫困中的组织可以分为政治组织与经济组织。在贫困地区，普遍存在政治和经济两种组织程度都不高的现象，"给钱给物不如给个好支部是政治组织对贫困地区发展起促进作用的最好概括"。在贫困地区，集体经济或集体经济实体尤其少见，农户之间没有规范性的生产经营合作，农户的组织程度低成为制约贫困地区发展的关键因素之一。

（3）权利约束型贫困。经济发展的权利指的是一个经济体中各经济主体能够安全地拥有属于自己的法定财产权利并公平地进行各种经济活动，且经济活动的收益不受侵犯。在一般情况下，"发展权"等价于"发展机会"，穷人在经济领域里缺乏资本和技术等生产要素，因而难以获得较多的经济收入。在政治领域里他们缺乏政治活动的参与能力和机会，因此不可能对决策、投票等产生实际的影响。总之，是权利结构的不平等、不合理，迫使社会部分成员失去参与或发展能力而陷入贫困或长期陷于贫困。

（4）资本约束型贫困。许多经济学家从资本的角度进行分析，普遍认为资本投入不足是造成贫困的最重要的原因。美国哥伦比亚大学教授纳克斯（1953）提出的"贫困恶性循环"理论，主要从资本的供给和需求两个方面分析了贫困产生的过程，认为贫困产生的原因是资本的缺乏。在此之后，美国著名经济学家纳尔逊（1956）提出"低水平均衡陷阱"理论，系统阐述了人均资本、人口增长和产出增长之间的关系，指出人口增长将抵消人均收入的增长，从而形成一个"低水平均衡陷阱"。美国经济学家莱宾斯坦（1957）提出的"临界最小努力"理论进一步说明发展中国家贫困产生的根源，认为发展中国家人均收入过低，资本形成不足。要想摆脱贫困，必须使投资水平超过人口增长速度,从而产生一个"临界最小努力",通过大量投资实现贫困地区经济的长期、稳定增长。

在贫困的研究方面,除了强调资本的重要性以外,国外学者逐渐将人力资本作为一个重要的因素来考虑。在西奥多·舒尔茨(1965)的《贫困经济学》一书中,他将资本划分为常规资本和人力资本,并认为摆脱贫困的关键在于提高人力资本。之后,卢卡斯和贝克尔分别对舒尔茨的人力资本理论进行了进一步的发展。1953年,美国著名经济学家纳克斯在《不发达国家的资本形成》一书中提出"贫困恶性循环"理论,认为发展中国家之所以贫困,是因为这些国家或地区的经济中存在着收入水平低、生活贫困、经济停滞、生产效率低等若干个互相联系和互相作用的"恶性循环系列",使得资本形成不足。要摆脱贫困,打破恶性循环,必须大规模地增加投资,增加居民储蓄,促进资本积累的形成。

1956年,美国经济学家纳尔逊提出"低水平均衡陷阱"理论。他认为发展中国家或地区经济贫困主要是因为人均收入过低,导致储蓄能力过低,投资量小和资本形成不足。要摆脱这种低水平均衡陷阱,必须进行大规模的资本投入,使投资的增长和产出的增长超过人口增长。

1957年,美国经济学家莱宾斯坦提出了经济发展"临界最小努力"理论。他认为发展中国家(或地区)要打破收入低与贫困之间的恶性循环,就必须保证足够高的资本投资率,这个投资率的水平值即"临界最小努力",没有这个最小努力就难摆脱国民经济贫困落后的困境。

另外,发展中国家学者从自身角度认为,贫困的形成在不同国家有不同的原因,主要包括人口过多、人口素质不高、资源匮乏或开发不足、自然环境差、科技落后等。

归纳起来,关于贫困的成因有以下几种学说:一是"缺乏说"。这种观点关注的是贫困的表象,范围从单纯的物质的缺乏到无所不包的社会的、精神的、文化的缺乏。二是"能力说"。这种观点关注的是表象后面的能力。三是"剥夺说"。这种观点是在探讨导致贫困的深层原因。奥本海默在1993年指出:"贫困夺去了人们建立未来大厦的生存机会的工具,它悄悄地夺去了人们享有生命不受疾病侵害、有体面的教育、有安全的住宅和长时间的退休生涯的机会。"四是"地位说"。挪威的艾尔泽在2000年指出:"贫困是经济、政治、社会和符号的等级格局的一部分,穷人就处在这种格局的底部,贫困状态在人口中持续的时间越长,这种格局就越稳定。"

笔者认为,到目前为止,对于贫困定义最为科学的理解是中国社会科学院的唐均先生。他在《从克服贫困到消除社会排斥》一文中指出，"缺乏说"、"能力说"、"排斥说"与"地位说"是研究者从不同的立场和角度对贫困做的解释，这些界定之间是有差异的。"缺乏说"所指比较偏重于贫困的现象，"能力说"、"排斥说"和"地位说"则在进一步探寻缺乏或匮乏的深层原因，它们在描述贫困时加入了价值判断和社会评价，并且着重探寻贫困的个人、家庭和群体的致贫原因；"排斥说"和"地位说"比较强调致贫原因的外在性、客观性和被动性，即贫困是由于"被剥夺"或"被排斥"以及"等级地位低下"造成的；而"能力说"比较偏向致贫原因的内在性、主观性和主动性，即贫困是由自身"缺乏能力"造成的。

三、反贫困的主要理论研究

人类反贫困的过程就是人类社会由落后到发达、由不合理到合理的发展过程。因而，反贫困的实现过程，不仅为人的全面发展不断开辟新的道路，而且也决定着人的全面发展的程度。西方学者对反贫困问题的研究主要集中在发展经济学领域，经过半个多世纪的理论研究，形成了一系列较成熟的理论。

（一）"抑制人口增长"反贫困理论

真正把贫困作为特定的社会经济现象进行分析并从反贫困视角纳入理论研究领域的，当首推18世纪末19世纪初英国的经济学家和人口学家马尔萨斯。1789年他在《人口原理》一书中，提出了著名的"人口剩余致贫论"，即社会人口按几何数列增加，而生活资料因土地有限只能按算术数列增加，因人口增长速度快于食物供应的增长速度，随着时间推移，最后因食物不足导致人口过剩，必然导致贫困、恶习等出现。马尔萨斯认为，这就是支配人类命运永恒的和自然的人口规律，而人口的过度增长是受人口规律支配的，是不以人的意志为转移的，人口过剩实际上无法避免，大多数人注定要在贫困和饥饿的边缘生活。消除贫困在于直接"抑制人口增长"。

为了达到人口增长与食物供应间的平衡，马尔萨斯提出了两种抑制人口问题的办法：一是"道德抑制"，即用节育、晚婚等方法减少人口的增加，以保持人口的增长和生活资料的增长一致；二是"积极抑制"，即通过提高人口死亡率来减少人口数量，如通过战争、饥荒、疾病以及瘟疫等办法达到抑制人口增长和消灭现存的多余的人的目的。"因为穷人没有权利得到一点食物……在自然界的宴席上，没有他们的席位，自然命令他们离开。"

马尔萨斯的"抑制人口增长"的反贫困理论揭示了人口几何级增长给自

然、社会和环境所带来的极大的压力，并使得很多人由于得不到足够的生存资源而不得不在贫困中挣扎。然而，其理论中也存在着很多片面乃至极端错误和反人类的观点。

（二）"收入再分配"反贫困理论

20世纪20年代福利经济学理论获得了很大发展，其主要代表人物英国经济学家庇古在其1920年出版的《福利经济学》一书中系统地论述了福利经济学理论。他认为影响经济福利的原因是：①国民收入的多少；②国民收入在社会成员中的分配情况。在此基础上，他提出了增进普遍福利的路径：一是通过增加国民收入来增进普遍福利。由于促使国民收入增长的关键是要合理地配置生产要素，而生产要素中最主要的就是劳动力。为了使劳动力合理配置，就必须给劳动者适当的劳动条件，改善他们的生活福利，使他们在失业、伤残、患病、年老、死亡时能得到适当的物质帮助和社会服务。二是通过国民收入的再分配来增进普遍福利。基于边际效用递减规律，在不减少国民收入总量的前提下，通过税收把收入从相对富裕的人转移给相对贫穷的人，可以增进整个社会的福利，并对如何具体实现收入再分配提出了自愿转移和强制转移的政策建议。自愿转移是指富人自愿拿出一部分收入为穷人举办一些教育、保健等福利慈善事业，以及科学和文化机构；而强制转移主要是指通过政府征收累进所得税和遗产税。他认为也可通过以下两条途径来实现向穷人转移收入：①直接转移；②间接转移，如对穷人生活必需品提供补贴，为失业工人提供培训，向穷人孩子提供教育机会等。福利经济学将穷人的福利问题与国家干预收入分配问题结合起来，主张通过国家干预收入分配来增加穷人社会福利的这一思想。

收入再分配理论的核心在于通过国民收入的再分配，使社会财富在富人和穷人之间、在职者与失业者之间、健康者与病残者之间、富裕地区和贫困地区之间合理地适当转移。与初次分配有所不同，初次分配着重的是效率，再分配则强调注重公平。

（三）"渗漏效应"反贫困理论

二战后，一些发展经济学家通过对早期发达国家的增长问题和当时世界贫困国家概况的研究获得了两个发现：①经济发展初期不可避免地存在贫富分化和不平等，虽然贫困十分普遍，但收入分配不公有利于资本形成和经济增长，随后贫困会随着经济不断增长而减缓；②当时世界上大多数生活在绝对贫困中的人口存在于收入平均水平低的国家而不是收入分配方式极不平等的国家。他们据此得出结论：社会贫困与经济增长水平密切相关，经济增长是减少贫困的强大力量，而穷国发展有其必然的代价。对于发展中国家的经济发展与反贫困,一些国际主流发展机构(如世界银行)也认为,通过经济结构的重构(即建立市场经济)和加快经济发展,不断做大经济这块蛋糕,贫困问题就会通过经济的"渗漏"得到解决。

"渗漏效应"最初是由美国著名发展经济学家赫希曼(A. O. Hirshman)在《不发达国家中的投资政策与二元性》一文中提出的,认为增长极对区域经济发展将会产生不利和有利的影响,分别为"极化效应"和"涓滴效应"。在经济发展初期阶段,有利于发达地区经济增长的极化效应居主导地位,会扩大区域经济发展差异。而从长期来看,发达地区对不发达地区带来的投资和就业等发展机会的"渗漏效应"将缩小区域经济发展差异。后来这一研究也由区域经济领域延伸至贫困领域,即在经济发展过程中并不给予贫困阶层、弱势群体或贫困地区特别的优待,而是由优先发展起来的群体或地区通过消费、就业等方面惠及贫困阶层或地区,带动其发展和富裕。虽然"渗漏效应"也承认,在经济增长的过程中,穷人只是间接地从中获得较小份额的收益,但随着经济不断增长,收益从上而下如水之"渗漏"不断渗透,形成水涨船高的局面,从而自动改善收入分配状况,最终实现减缓乃至消除贫困的目的,实现共同富裕。

但是要看到"渗漏效应"不会自发形成,经济增长对贫困的影响程度取决于由经济增长所带来的额外收入是否为穷人所享有。如果经济增长能使最贫困人口所获得的收入份额增加,贫困人口收入的提高就会快于平均收入的提高,减贫幅度就大;如果经济增长使最贫困人口所获得的收入份额减少,贫困人口收入的增长就会滞后于平均收入的增长,贫困人口的贫困程度就会愈发深重。

(四)"平衡增长"反贫困理论

"平衡增长"的反贫困理论以罗森斯坦·罗丹提出的"大推进"理论为代表。该理论的核心是:发展中国家要摆脱贫困,实现工业化,必须全面、大规模地在多个工业部门尤其是基础设施的建设方面投入资本,通过这种投资来冲破经济贫穷落后和停滞的困境与束缚,推动整个工业部门全面、迅速地发展。

罗森斯坦·罗丹的"大推进"理论认为,贫困国家由于收入低,市场容量小,购买力低,有效需求不足,缺乏投资引诱。因此,对一个产业投资而不对其他产业投资,结果该产业产品因社会购买力低而缺乏市场,投资只能以失败告终。只有对几个相互补充的产业部门同时进行投资,以获得"外部经济效应",即这种投资能够创造出互为需求的市场,这样就可以克服市场狭小、在需求方面阻碍经济发展的问题;同时,这种投资可以通过分工协作,互相提供服务,从而减少单个企业不必要的开支,降低生产成本,增加利润,为进一步增加储蓄、提供再投资的资本创造条件。这样,有助于克服在资本供给方面阻碍经济发展的障碍,从资本的需求和供给两方面打破贫困的恶性循环。

(四)"赋权"反贫困理论

研究表明,减轻贫困的程度与初始不平等密切相关,一般初始不平等程度很低的国家所带来的减贫效果是不平等程度很高国家的2倍。如果经济增长不能为穷人分享,不仅不能消除和减轻社会贫困,反而会增加贫困的积累和加剧社会贫富两极分化。而穷人之所以未能享受到经济增长的好处,主要源于社会的不平等。不平等不仅存在于收入分配上,也存在于社会权利及能力和机会上。所以,贫困对增长的敏感性很大程度上取决于贫困人口能否获得分享增长的权利和机会,取决于他在社会中的所有权和使用权的权利关系。

赋权理论主要是指"赋予权利,使有能力"。赋权真正成为一种反贫困理论,最主要源于阿马蒂亚·森关于"贫困的实质源于权利的贫困"的研究。森在其1981年出版的《贫困与饥荒》一书中指出,在实际生活中一些最严重的饥荒发生,只是因为"他们未能获得充分的食物权利的结果,并不直接涉及物质的食物供给问题","一个人支配粮食的能力或他支配任何一种他希望获得或拥有东西的能力",无论是经济繁荣时期,还是在经济衰退时期,饥荒都可能发生。如果经济繁荣表现为社会不平等的扩大,则繁荣过程自身就有可能成为饥荒的诱因。要理解饥荒和贫困,就应当把它们放在权利体系中来加以分析,权利关系决定一个人是否有权利得到足够的食物以避免饥饿。

关于"权利"贫困,森指出,要解决贫困,我们要做的事情不是保证食物供给,而是保护食物权利。所以,面对贫困者在社会中存在的权利贫困现象,要实现保护他们权利的目的,只能通过相应的制度安排,建立一套政治和社会体制,赋权以保障贫困者享有基本的政治与公民自由、获得基本生活需要和教育、医疗卫生等权利。

(五)"人力资本"反贫困理论

1960年,舒尔茨在美国经济学学会上提出了"经济发展主要取决于人的质量,而不是自然资源的丰裕或资本存量的多寡"。他认为,贫穷国家经济之所以落后,其根本原因不在于物质资本的短缺而在于人力资本的匮乏和人们对人力资本投资的过分轻视,发展教育事业,对发展中国家人力资本的形成、经济结构的转换和经济持续发展具有重要意义。

以森为代表的研究者和国际组织提出了"能力贫困说",认为贫困应被视为基本可行能力的剥夺,而不仅仅是收入低下对基本可行能力的剥夺可以表现为过早死亡、严重的营养不良（特别是儿童营养不良）、长期流行疾病、大量的文盲以及其他一些灾害，主张应该改变传统的以个人收入或资源的占有量为参照来衡量贫富，而应该引入关于能力的参数来测度人们的生活质量。其核心意义是，必须考察个人在实现自我价值功能方面的实际能力。因为只有能力才能保证机会的平等，没有能力，机会的平等是一句空话，真正的机会平等必须通过能力的平等才能实现。

"人力资本"反贫困理论认为，贫困的产生主要是由于人力资本的严重短缺，不足以产生维持生存和促进发展所需要的内在动力和能力。因此，改进穷人福利之关键，减少收入不平等，缩减、消除贫困的有效路径就是通过提高穷人的人力资本来增强其能力。

（六）"积累因果关系"反贫困理论

缪尔达尔在分析论证贫困的积累因果关系理论的基础上，系统地构建了一套经济、政治、文化乃至上层建筑等层面上的反贫困战略。缪尔达尔在《亚洲的戏剧》一书中提出，不发达国家自身必须进行下述三个方面的改革：土地改革、教育改革和权力关系改革。缪尔达尔不同意那种认为市场—价格机制的均衡力量可以自然而然地促进不发达国家经济发展的观点。他认为，由于发达国家和不发达国家之间存在结构上的差异或制度上的差异，因而，应对不发达国家的经济问题进行结构性研究或制度研究，即从社会、经济和政治层面上进行改革。

四、国际扶贫模式运行情况研究

"模式"是指一种相对固定的框架，是某种事物的标准形式或使人可以照着做的标准样式。扶贫模式可以从广义和狭义的概念来理解。广义的扶贫模式是指在既定扶贫战略下的扶贫行为集合，包括扶贫行为的整个活动；狭义的扶贫模式是将整个扶贫行为过程中不同环节的不同具体做法概括为模式。

从国家或地区的层面上来看，由于社会经济发展程度和社会福利水平的巨大差异，各国各地区的扶贫模式也有很大的差异：在发达国家和高福利国家，主要通过加大社会保障体系建设和完善社会保障制度来实施扶贫；还有就是一些社会服务机构甚至个人，为了防止代际贫困，从家庭教育和学校教育入手，向贫困家庭的子女灌输主流社会的价值观和行为规范，帮助他们尽可能地融入主流社会等。在广大的发展中国家和落后国家，则以强调宏观经济稳定和经济增长来降低贫困水平为主，辅之以力所能及的社会保障。迄今为止，在拉丁美洲和南亚,通过经济增长来降低贫困水平获得了较大成功。

（一）发达国家的扶贫模式

1. 英国的扶贫模式

最早研究贫困问题的英国经历了三个反贫困阶段,包括三种扶贫模式:①救济式扶贫模式。英国政府于1601年建立了以《济贫法》为核心的济贫制度。济贫内容包括对穷人、残疾人、病人和老年人捐赠物资来进行生活上的援助;对有劳动能力的贫困者提供就业方面的便利;对沦为乞丐的青少年儿童提供使其有一门谋生手艺的职业培训等。②社会保障制度扶贫模式。20世纪初,英国政府于1908年和1911年分别颁布了《养老金法案》和《国民保险法》,标志着英国逐步建立起现代社会保险制度。这种保险制度,使人们在因公害事故、健康不良、失业,或因任何其他不幸使收入受到损失的情况下不至于沦为赤贫。③社会福利扶贫模式。二战后,英国政府先后通过了《家庭补助法》（1945年）、《社会保险法》（1946年）、《国民保险法》（1946年）、《国民卫生保健服务法》（1946年）、《国民救济法》（1948年）以及其他相关措施和法令。这种保险制度大大扩大了公共产品的范围,使社会福利成为体系,构成了对公民"从摇篮到坟墓"的生活保障。

2. 美国的扶贫模式

美国主要采取了以下扶贫模式:①建立比较完善的社会保障制度。美国于1935年颁布了世界上第一个完整的社会保障法律法规《社会保障法》,覆盖了劳动、失业、疾病、生育、教育、住房、养老、死亡等方面,基本建立了比较完整的社会安全网,在美国反贫困斗争中发挥了重要的作用。②重视落后地区社会经济的开发和发展。在20世纪60年代,政府相继通过了《阿巴拉契亚地区发展法》和《公共工程经济开发法案》,旨在强调通过加大政府投资,强化基础设施建设和发展人力资本,发展落后地区经济,进而创造更多的就业机会。1993年通过《联邦受援区和受援社区法案》,援助项目包括创造就业机会、兴建公共设施、人力资源培训、住房、环境保护和公共安全等方面,以调动地方参与者的积极性,培育受援地区自我发展能力。③重视教育和职业培训。强调人力投资,重视教育和职业训练,以提高穷人的工作技能。主要包括:一是儿童和青年教育计划,包括善始计划、跳班计划、半工半读计划;二是职业培训与再培训计划,包括职业队计划、街道青年队计划、新经历计划等。④加强对少数族裔贫困人口的赋权。1965年,政府通过了具有里程碑意义的三个"民权法案",以法律形式结束了美国的种族隔离制度,禁止在工资、上学、就业、选举、住房等方面因肤色和种族原因而产生歧视。在《社区行动计划》中，要求穷人特别是贫困黑人最大限度地参与当地社区各项活动，在地方政治中获得发言权。⑤积极实施工作福利制度。克林顿政府和布什政府通过了《个人责任和工作机会协调法案》和《为自立而工作法案》，政府对福利救济金领取者采取了严格的领取时间和工作时限限制。同时，大力增加为穷人提供就业培训、教育、就业交通和孩子照看等方面的福利性开支，旨在鼓励参加工作和帮助失业者再就业。

(二) 发展中国家的扶贫模式

1. 印度扶贫模式

在印度主要推行的反贫困模式包括：①实行土地制度改革，发展农业生产。②开展"绿色革命"，引进高产品种、增施化肥、扩大灌溉、提高农业机械化水平和提高粮食单位产量。③推进农村综合发展计划，通过在农村开展工程建设等措施，为无业者和穷人提供就业机会。同时注重保护弱势群体，如在《贾哈尔就业计划》中就要求，将就业机会的30%保留给妇女；在选择落后的群体时，低种姓族人口占60%，其余人口占40%。④建立基本的社会保障体系。一是建立公共分配系统制度（PDS），即在政府监督和指导下，由国家给予财政补贴收购物品，然后通过设立的遍布全国各地区的40多万个平价商店，以低于市场的价格向低收入贫弱阶层供应粮食、食用油、白糖、布匹、肥皂、食盐等基本生活消费品，覆盖全国5亿多人口；二是实行全民免费医疗制度。由于印度穷人主要集中在农村，政府通过保健站、初级保健中心和社区保健中心三部分的农村医疗网络，免费向穷人提供医疗服务。

2. 巴西的扶贫模式

在巴西主要推行的反贫困模式包括：①以经济增长为目标的"发展极"反贫困战略。巴西积极推行"进口替代战略"和"高增长战略"，并通过建立玛瑙斯自由贸易区、迁都巴西利亚等措施，建立了一个个经济发展极；然后通过资本、技术、组织、要素、信息等渠道向其周围地区"扩散"，并不断扩大其扩散半径，促使其周边地区先后形成新的发展极，从而形成了带动整个区域经济开发的发展极网络，有力地推动了经济的发展。②以土地改革为核心，出台系列政策缓解农村地区的贫困，鼓励农民到边远地区开垦荒地，扩大"农业疆界"；政府成立"土地银行"，即土地和土改基金，向农民提供信贷用于购买农村地产；减免土地税，鼓励参与农村养老金制度和参加农业保险等。③实施家庭资助计划，向贫困家庭实行有条件的现金转移支付。为了提高儿童受教育水平，政府把助学金的发放与家庭补助金计划捆绑在一起，让发放给贫困学生的助学金真正用于教育，也称有条件的现金转移支付计划。④推行

"零饥饿"的计划,保证贫困人群的食品和营养权。其目的是保证人们获得适当食品的权利,推动食品安全,根除极端贫困。⑤开展扫盲计划,提高贫困人口的教育水平。⑥促进就业的计划,重点解决因失业导致的贫困问题。⑦制订经济适用房计划,逐步解决贫民窟居民的住房问题。⑧实施家庭医疗保健计划。

另外,广大的发展中国家和落后国家还广泛采取加大教育投入、改善基础设施条件等措施来实施扶贫工作,也取得了良好效果。

从国际层面来看,20世纪90年代以来,当今世界最重要的国际组织——联合国将消除贫困作为近期的重要议题,竭力推进世界反贫困进程。目前正在实施的扶贫模式主要有两个:一是加强南北合作,督促发达国家从经济上支持发展中国家,同时积极推动南南合作;二是由联合国贸发会发起的联合国特别助贫基金,试图通过帮助发展中国家发展经济来降低发展中国家的贫困面和贫困程度。

第二节 国内研究概述

我国学者对于反贫困问题的研究起步较晚,大部分研究是基于西方学者已有的研究成果结合中国反贫困的实际进行的。因此,在贫困的定义和反贫困理论上,仍是在总结西方反贫困的实践和理论的基础上对中国反贫困的探索,在这些理论上既有国外理论的影子又结合了中国的实际。

一、贫困定义的研究

关于绝对贫困的定义,国家统计局农调队认为,贫困是个人或家庭依靠劳动所得和其他合法收入不能维持其基本的生存需求。

关于相对贫困的定义,我国学者童星等认为,相对贫困是温饱基本解决,简单再生产能够维持,但低于社会公认的基本生活水平,缺乏扩大再生产的能力或能力很弱。

由于经济、社会的发展限制,我国学者对主观贫困的研究非常有限。

对贫困的综合定义,认为贫困不仅表现为低收入和低生活水平,还包括社会、文化各方面的不发达状态。

二、贫困成因的研究

通过对贫困人口自身的研究,借鉴国外的有关理论,许多学者认为人口素质是导致贫困的重要因素。

(一) 劳动力素质低

胡平(2006)等认为,农村贫困人口的素质和能力是导致其贫困的关键性因素。林蜜珠、吴能义等也认为,贫困地区的劳动力在数量上并不缺乏,但劳动力的科学文化素质都相当缺乏,这是导致农村贫困的重要因素。

(二) 制度导致效率缺失

曹洪民(2003)认为,造成贫困问题的根本原因是制度失败。主要体现在公共服务和社会保障不足方面。免费的公共服务和社会保障对贫困人口而言是一种有效补充,是社会帮助贫困人口提高其生活质量的一种方式,也是帮助其发展自身能力的一种手段。按照商业化原则提供公共服务,贫困人口难以从中获得利益,有可能陷入更深的贫困。

(三) 自然环境条件恶劣

在我国很多边远山区和生态脆弱的地区,土地稀少或土地贫瘠,自然环境条件无法为当地人口提供足够的生存资源。于法稳(2004)从生态景观、自然资源、解决饮水问题等方面分析了西北地区贫困的原因。

(四) 没有足够的实物资本或金融资本

在我国农村,仅有劳动力资源是不够的,因为不管从事农业经营还是从事非农业经营,都需要一定的实物资本或金融资本。贫困人口基本的生存都难以保障,实物资本或金融资本必然缺乏,这严重制约了贫困人口改善或改变其生存现状的可能。

(五) 劳动力就业机会不足

大部分农村贫困人口居住在地方经济发展缓慢的偏远山区,以从事生产率较低的农业为主。这些地方缺少发达的工业和服务业,只有部分相对缺乏竞争力的初级加工业,无法为当地剩余劳动力提供充分的就业机会,贫困人口无法通过充分就业提高收入,改善其贫困状况。

以上因素都是导致贫困的直接或间接原因。这些原因可能存在着交叉作用或互为因果的关系,贫困和致贫因素可能存在恶性循环,使得贫困长期化,从而出现"贫困陷阱"。

三、扶贫理论的研究

（一）健全保障制度和增加权利

朱海俊（2007）认为，解决我国贫困问题的根本出路在于进行新的制度设计。他建议，增加对农村地区基础教育的投入力度，尽快建立和完善农村社会保险和社会保障制度，倡导建立农民自己的农村自治组织。给农村发展提供一个更为公平、合理的资源环境，这是农村反贫困的社会政策保障。

（二）为贫困人口提供充分就业机会

林毅夫（2004）通过研究贫困人口的教育水平及就业状况发现，贫困人口之所以贫困是因为缺乏就业机会。他建议，要从国家层面上改变经济发展模式，在发展技术密集型产业和资本密集型产业时发展一些劳动密集型产业，以增加贫困人口的就业机会；同时对农村贫困人口，要提高他们的教育水平，增加对他们的人力资本投入，让贫困人口有能力去掌握这个机会。

（三）加大制度机制创新

胡平（2006）认为，解决我国农村贫困问题，一方面要大力推进体制改革和制度创新，加大投入；另一方面，还要进一步完善扶贫开发机制、扶贫投入机制，以提高扶贫效率。同时，要积极动员社会力量广泛参与，充分发挥非政府组织在反贫困中的作用。

四、中国农村扶贫模式的研究

（一）国内对扶贫模式的理论研究

1998年，中国（海南）改革发展研究院反贫困研究课题组首次明确提出了"扶贫模式"的概念，认为扶贫模式与治理结构是一个问题的两个方面。

何道峰（2001）认为，扶贫模式可以定义为扶贫方法与技巧的一个集合，如一个扶贫项目筹资的方法，扶贫对象的识别与瞄准方法，解决受益对象的目标单一性、综合性、短期性和持续性，解决受益人口的收入和能力。项目受益对项目参与的主动性和被动性。项目管理的系统性、非系统性。项目信息记录的透明度，项目设计的系统性与延续性，项目管理的学习机制和监督机制等。

曹洪民（2002）认为，扶贫模式应由决策系统、传授系统、接受系统和监测系统组成，并对各个系统的组成结构、运行方式、影响因素和内部关联性进行了研究。

(二) 中国的扶贫模式

1. 三种基本模式

中国农村扶贫经历三个阶段,在不同的阶段政府采用了不同的扶贫模式,但对于具体的时间划分和模式界定并未形成一致的看法。

从总体来看,中国发展研究基金会认为中国的反贫困进程分为三个阶段:第一个阶段是以经济增长为主导的扶贫模式(时间为20世纪70年代末至80年代初);第二个阶段是以开发式扶贫政策为主导的扶贫模式(时间为20世纪90年代初至2005年);第三阶段是以多种利农惠农政策并举为特征的扶贫模式。

龚晓宽认为,中国的扶贫模式经历了从20世纪50年代单一的救济式扶贫模式到1986年的开发式扶贫模式再到现在的参与式扶贫模式的变化过程。中国农村扶贫模式的变化过程,是随着扶贫实践不断深化和科学化的演进过程,其形式也不断地向多样化和精确化方面发展。

2. 开发式扶贫下的具体模式

在开发式扶贫的实践过程中,由于扶贫模式的主客体、瞄准对象、输入资源的要素等的不同,在开发式扶贫模式的前提下,演绎出一系列不同类型的扶贫模式。

按扶贫主体投入的扶贫要素不同划分,可分为两类:一是以支持和帮助扶贫客体解决生活困难,开展生产经营活动,摆脱贫困为目的,向其提供所需的生活资料、生产资料(种子、化肥等)以及资金的一种扶贫模式。如小额信贷、科技下乡等。二是按照客体的脱贫地域划分,可分为就地扶贫模式和异地迁移扶贫模式两种。就地扶贫模式是指扶贫客体在不脱离其原所处地域环境条件下的一种扶贫方式;异地迁移扶贫模式是指贫困农户所处地理环境恶劣,不再适宜人类生存,因而将贫困农户迁移出原有地域,通过开发利用其他地区资源,发展生产,实现脱贫致富的一种扶贫方式。

汪三贵(1993)较早对贫困地区的经济开发模式进行研究,将其概括为以资源为主体的资源依托型、以资金积累为主的资产积累型和以技术带动的技术驱动型模式。

除此之外,我国学者还从微观角度对各种模式进行了归纳总结:

朱凤歧等(1996)总结了我国五种扶贫模式:直接扶持贫困农户模式、农民自愿组成经济合作互助组织模式、开发项目建设模式、组织社会力量模式和东西合作帮扶模式。

1998年,中国(海南)改革发展研究院反贫困研究课题组通过对我国东、中、西部地区样本调查，认为有代表性的反贫困组织形式、操作模式大致有七种，包括山区综合开发、温饱工程、人力资源开发、"巾帼扶贫"行动、小额信贷扶贫、以工代赈和项目带动农户经济发展。

2000年，国家统计局农调队从政府扶贫资源传递角度，提出了贴息贷款、以工代赈和财政扶贫三种农村扶贫模式。

第三节 中国农村主要扶贫开发模式评价

从新中国成立之初的世界最贫穷国家之一，到2000年基本解决农村贫困人口的温饱问题，再到向全面建成小康社会目标迈进，中国特色的扶贫事业取得令世界瞩目的成就。世界银行曾发表研究报告指出，过去25年全球减贫成绩的70%左右来自中国。2008年以来，国际金融危机造成全球贫困人口增加1亿，而我国的减贫形势比较平稳，再次证明了中国扶贫发展道路的成功。

中国的扶贫开发取得成功，其中一个重要因素就是在扶贫的过程中不断探索创新、总结经验。龚晓宽总结了10种扶贫模式，并进行了评述。本书在此引介其中9种。

（一）财政扶贫模式

该模式主要通过专项资金（专项转移支付）、财政体制及税收优惠等方式向贫困地区倾斜，以改善贫困地区落后状况，推动贫困地区农业经济和国民经济增长，提高贫困人口的生活质量，缩小贫困地区与发达地区的差距。其中主要是通过财政扶贫资金的注入达到支援欠发达地区发展的目的。

财政扶贫资金是国家设立的用于贫困地区、经济不发达的革命老根据地、少数民族地区、边远地区改变落后面貌，改善贫困群众生产、生活条件，提高贫困农民收入水平，促进经济和社会全面发展的专项资金。

财政扶贫资金主要包括支援经济不发达地区发展资金、以工代赈资金、扶贫专项贴息贷款的贴息资金、边境建设事业补助费、补助贫困地区普及小学教育资金、民族地区事业补助费、贫困地区计划生育补助资金、农业税减免和地方财政自筹扶贫款等。财政扶贫资金来源包括中央财政安排的资金和地方配套资金，其中以中央的转移支付为主，地方政府应按不低于中央财政安排资金额度的30%的比例落实配套资金。地方配套资金包括省、市、县级财政部门的配套资金，地方财政应落实的配套资金由地方各级财政部门共同负担，负担比例由省人民政府确定，对市、县级财政部门无力配套的，由省级财政全部负担。

（二）以工代赈扶贫模式

以工代赈是指扶贫对象通过参加必要的社会公益劳动而获得赈济的一种特殊的扶贫方式。以工代赈资金，主要用于贫困地区基础设施建设，改善群众生产、生活条件和生态环境，重点修建县、乡、村道路（含桥、涵），建设基本农田，兴建小型、微型农田水利，解决人畜饮水及开展小流域综合治理（含造林、种果、畜牧草场建设）等，适当用于异地扶贫开发中的移民村基础设施建设。

以工代赈模式的优点之处在于，可以激发贫困农民参加社会公益劳动的积极性，形成一种按劳取酬、按劳取助（获得帮助）的良性循环机制。按照这种方式，贫困农户经济上得到实惠、观念上得到更新，贫困地区基础设施得到改善。实践证明，以工代赈是解决贫困地区温饱最见效、最实际的扶贫方式之一。

（三）产业开发模式

发展以种植业、养殖业为基础的区域性支柱产业，是解决贫困户稳定的经济收入来源的重要途径。

产业开发模式实施的主体是多元性的，有政府组织、非政府组织（包括社会团体和个人），受体是农村贫困农户，方法是通过科学规划、规模投入、规范管理，促进区域性支柱产业的形成。

产业开发模式的优点在于，可以克服单家独户小规模经营导致的小生产与大市场的矛盾，有利于连片集中地帮助贫困农民脱贫致富，同时提高农民素质。但在实施过程中，仍存在一些问题：一是技术服务跟不上，二是市场信息服务跟不上，三是营销服务跟不上。产前、产中、产后的产品收购销售都还有一系列的问题需要解决。

（四）对口帮扶模式

1996年，党中央、国务院做出了东、西部合作的重大战略决策，并明确由东部发达地区对口帮扶西部贫困地区。对口帮扶模式扶贫成效显著，大大的改善贫困地区农户的生产、生活条件，提高了贫困人口的科技文化素质，拓宽了贫困地区的经济发展空间。对口帮扶模式已成为扶贫开发的重要形式，正在发挥越来越重要的作用。

对口帮扶模式的优点在于，从统筹区域发展的角度，实现"先富帮后富，最终实现共同富裕"战略目标，贯彻了全国一盘棋的思想，有利于实现全面建设小康社会的宏伟目标。但也存在一些不足：经济协作项目相对较少，贫困地区基础工作和协调服务跟不上，在一定程度上影响了对口帮扶的效果。

（五）国际项目模式

国际项目模式是指利用国外资金开展扶贫工作的一种模式。目前我国利用的外资主要有世界银行资金、亚洲银行资金、外国政府援助资金等。我国通过较大规模地利用世界银行资金进行扶贫，改变了以往单纯依靠国内资金的传统方式，开拓了国内扶贫机构与国际组织相结合，国内扶贫资金与国际组织援助相结合的扶贫开发新格局。

国际项目模式的优点在于，可以利用国际资金壮大扶贫资金的投入；同时，还可以在利用外资的过程中，学习到先进的管理理念，其社会效益相当显著。

（六）机关定点模式

机关定点模式是指组织各级党政机关、企事业单位、民主党派、人民团体开展定点扶贫工作的一种模式。除了省、地、县各级机关部门的定点外，根据中央统一部署，中央直属机关和部门定点帮扶贫困地区，也成为加快扶持贫困地区脱贫致富的步伐中一支不可缺少的力量。这种模式成效显著，已成为扶贫开发的重要方式之一。

机关定点模式的优点在于，实施了扶贫主体的长期扶贫责任制，坚持不脱贫不脱钩、脱钩不断线。实践证明，机关定点模式是最见效、最实际、最稳定的扶贫方式之一。

（七）生态建设模式

生态建设模式由贵州率先提出，主要是针对贵州省乃至我国典型的岩溶山区——毕节地区的具体情况提出的。由于生态环境恶劣，生存和发展的条件差，长期以来人口膨胀、生态恶化、经济贫困是困扰毕节地区经济社会发展的三大难题。为使毕节走出人口→生态→贫困恶性循环的怪圈，探索贫困岩溶山区实现人口、经济、生态环境协调发展之路，1988年6月经国务院批准，建立了"贵州省毕节地区开发扶贫、生态建设试验区"。通过毕节开发扶贫、生态建设的试验，为在岩溶山区这一特殊自然环境下的扶贫探索了一条成功的路子，取得了一定成效，创造了许多适应农村工作形式和工作方法。建立试验小区与开发小区，建设专业村与专业乡，组装配套推广农业实用技术以及生态建设中的小流域综合治理等，这些开创性的做法在实践中取得了良好的经济效益和社会效益。

生态建设模式的优点在于，通过加快山区资源综合开发带动开发扶贫，寓生态建设于经济开发之中，以经济开发支持生态建设，以生态建设促进经济开发，实现粮食、人口、生态的良性循环。可以克服在脱贫致富的进程中，那种以牺牲生态效益为代价而获取眼前经济利益的短期行为，是科学发展观在我国实践中的前期性探索。

（八）小额信贷模式

小额信贷模式是从孟加拉国引进，并在我国得到广泛实施的一种重要的扶贫到户方式。主要以解决贫困农户的温饱为主题，坚持以贫困村、贫困户为扶持对象。其资金主要用于解决与贫困群众温饱密切相关的种植业、养殖业，兼顾适合家庭经营的其他副业。

小额信贷模式的优点在于，对实现农户增收提供了资金保证，增强了贫困农户的商品意识和市场观念，受到干部群众的欢迎。但在实施中仍存在一些问题：①政策宣传力度不够。有些地方群众对贷款性质的认识存在偏差，监督管理有待加强。②小额信贷涉及千家万户，覆盖面极广，贷前项目调查、贷款发放、贷后的资金管理、项目跟踪、农技服务和贷款回收等方面都还存在大量需要探索的问题。③发展不平衡。一些地方还存在贷前调查情况不清、贷款发放对象不准、贷款审查手续不严、联保措施不落实、贷后管理工作抓得不紧等问题，造成逾期贷款本息回收率低，资产质量差，影响了贷款的滚动使用。

（九）移民搬迁模式

移民搬迁模式是指把缺乏水和土资源的大石山区的群众，有计划、有步骤、分期分批地转移安置到水、土资源比较富裕的土山地区。

移民搬迁模式的优点在于，通过移民搬迁，可以解决基本的生活与生产条件，实现土地资源与人口的合理化配置。

第二章 云南省集中连片特困地区现状

地处西南边疆的云南省是我国扶贫攻坚的主战场之一。进入21世纪以来,云南扶贫开发成效明显。截至2011年的最近10多年来,云南累计投入省级以上财政扶贫资金168亿元,全面实施整村推进、转移培训、易地搬迁、以工代赈、产业扶贫、连片开发等扶贫工程,扶贫工作取得了显著成效,贫困发生率从29.6%降至14%。

然而,云南贫困现象仍然突出。按国家新确定的扶贫标准,目前云南还有农村贫困人口1 500万人左右,约占全省农业人口的39%,贫困人口数量和贫困发生率居全国前列。全省有国家级扶贫开发工作重点县73个,省级扶贫开发工作重点县7个。

2011年11月,云南省乌蒙山区、石漠化地区、滇西边境山区和藏族聚居区四个片区(85个县)被列入国家划定的集中连片特殊困难地区,这四个连片特困地区成为今后10年云南扶贫开发的重点区域。

第一节 乌蒙山区

一、云南乌蒙山区简介

乌蒙山集中连片特困地区是根据《中国农村扶贫开发纲要(2011—2020年)》划定的全国14个集中连片特困地区之一。该片区共11万平方千米,包括四川、贵州、云南三省毗邻地区的10个地(市、州)的38个县(市、区)。其中,32个县为国家级扶贫开发工作重点县,6个县为省级扶贫开发工作重点县。乌蒙山区是典型的老、少、边、穷地区，少数民族聚集、社会发育程度相对不足、贫困人口分布广、扶贫攻坚难度大。截至2010年，该地区总人口2 000多万，农村人口1 667.23万人，少数民族人口占总人口的20.86%。

云南是乌蒙山区涉县最多省份，共涉及昆明、曲靖、楚雄、昭通4个市（州）的15个县（市、区）。具体包括：昆明市的禄劝彝族苗族自治县、寻甸回族彝族自治县，曲靖市的会泽县、宣威市，楚雄州的武定县，昭通市的昭阳区、鲁甸县、巧家县、盐津县、大关县、永善县、绥江县、镇雄县、彝良县、威信县等县区。

云南乌蒙山区总人口845.6万（2010年第六次全国人口普查数据），占云南省总人口的18.4%；该地区有苗族、彝族、回族等少数民族。贫困人口470多万人，农民人均纯收入低于785元的深度贫困人口42.8万人。2010年，云南乌蒙山区地区生产总值为687.9亿元，农村居民平均收入为3 164.67元，低于云南省农民人均纯收入（3 952元）水平。

该地区矿产资源丰富。据统计，武定县有钛矿储量1 800万吨，宣威市有铁矿储量2亿多吨。

二、云南乌蒙山区贫困现状

云南乌蒙山区生态环境脆弱、少数民族聚集多、贫困程度深、贫困现象复杂、贫困类型综合，扶贫攻坚难度大。

（一）资源承载过重，资源环境型贫困问题严重

云南乌蒙山连片特困地区呈东北低、西南高地势，平均海拔2 400米左右。由于这一地区人口急剧膨胀、耕地严重短缺、森林覆盖率大幅下降，生态环境脆弱，承载能力有限，严重限制了脱贫的步伐，阻碍了农业的发展。例如，乌蒙山贫困地区的核心区昭通，人均耕地面积仅为1.18亩（1亩＝0.0667公顷，下同），且90%以上是山坡地，土壤贫瘠，水土流失面积和石漠化面积分别占国土面积的49%和23.3%。生态恶化导致干旱、洪涝、风雹、凝冻、低温冷害、滑坡、泥石流等自然灾害频发，致使这些地区经济社会发展与生态保护的矛盾尖锐，产业结构调整空间受生态环境制约大，农民增收困难，农村经济发展缓慢，资源环境型贫困问题严重。

（二）基础设施滞后，条件性贫困十分突出

云南乌蒙山区还没有从根本上改变落后的生产条件，一遇到自然灾害，一部分人仍可能饱而复饥、温而复寒。

云南乌蒙山区内交通主干道网络尚未形成，道路等级低。例如，昭通市17.48%的乡镇不通沥青（水泥）路、80.54%的行政村不通沥青（水泥）路。禄劝县目前道路硬化率仅为35.1%，是昆明市唯一不通高速公路的县区，境内仅有二级路20.5千米；42%的行政村未完成农网改造，36.45%的自然村不通电；水利设施也很薄弱，资源性缺水、工程性缺水问题突出，基本农田有效灌溉面积仅为31.7%，存在饮水困难的农户比例高达30.1%。此外，该地区教育设施落后、师资力量不足，医疗卫生条件差、妇幼保健力量弱，人均受教育和卫生支出不到全国平均水平的一半。要改变这些地方长期形成的生产力不发达状况，还需要长期努力。

（三）贫困面大，贫困程度深

乌蒙山连片特困地区属于云南省开发较早的区域，也是云南省人口最密集的区域之一。但由于该地区地处深山和高寒山区，自然条件恶劣，贫困状况较为严重，贫困人口约为470多万。云南乌蒙山区所涉及的15个县（市、区）中有14个县（市、区）属国家级重点扶持县，1个县（市、区）属省级扶贫开发及重点县。如昭通市10县区还有5.2万户贫困群众居住茅草房，有近30余万人生活在丧失基本生存条件的地方，有工程移民需异地搬迁人口近20万人。剩余贫困人口大多数居住在革命老区、高寒边远的深山区、少数民族聚居村寨等，是扶贫攻坚的"硬骨头"。

三、云南乌蒙山区扶贫开发历程及取得的成效

云南省农村扶贫开发起步于20世纪80年代中期，通过政府和社会各界的共同努力，云南的扶贫事业在艰难中缓慢前进。

宣威市围绕扶贫攻坚，实施新农村建设重点扶持村458个、小康示范村2个、"866"工程扶贫村56个、整乡推进2乡23村。全市累计投入新农村建设及整乡、整村扶贫开发资金20.8亿元，解决和巩固温饱25.2万人，减少贫困人口13.7万人。其中，"整乡推进"扶贫开发"866"工程覆盖21个乡（镇、街道）、56个贫困村委会、669个贫困自然村，受益4.9万户、17.89万人，累计完成投资6.57亿元。

昭通市在扶贫进程中创造了特有的"昭通模式"：政府牵头的整体推进和民营资本引入后的理念变化。具体表现为鲁甸县小寨乡的"整乡推进"和鲁甸县桃源乡鸭子塘村的民营资本引入后新农村合作社的建立。

四、云南乌蒙山区扶贫开发

云南乌蒙山区既是集中连片特困地区，也是我国面向西南开放的重要通道、国家生态安全的重要屏障和能源供应的重要基地。因此，加快云南乌蒙山区经济社会发展不仅是增进当地人民福祉的迫切需要，也是推进西部大开发、促进全国区域协调可持续发展的战略选择。

云南乌蒙山区扶贫工作要全面总结、充分借鉴以"开发扶贫、生态建设、人口控制"为主题的毕节试验区经验，坚持开发与扶贫并举、生态恢复与建设并进、人口数量控制与质量提高并重，通过重点突破与分类推进，探索以扶贫开发为中心，人口与生态、经济与社会相互协调的可持续发展之路。

云南乌蒙山区要突出解决资源承载过重的问题。云南乌蒙山区要从优势出发，从资源条件出发，实现规模化、集约化、品牌化、标准化，着力解决制约区域发展的瓶颈问题。

云南乌蒙山区要改变落后的生产条件。加大基础设施建设力度，加强交通、水利、城镇等改善片区发展条件的基础性项目，着力解决区域发展的瓶颈问题，加快公路、铁路、航空等大空间、多层次的综合运输网络建设。

第二节 石漠化地区

一、云南石漠化地区简介

滇桂黔石漠化集中连片特困地区是全国14个片区中所辖县数最多、民族自治县最多、少数民族人口最多、扶贫对象最多的片区。该片区包括广西、贵州、云南三省（区）的15个地市、州共91个县（市、区），国土总面积为22.8万平方千米，大部分地处云贵高原东南部及其与广西盆地过渡地带，属典型的高原山地构造地形，石漠化面积达8.57万平方千米，占全国岩溶地区石漠化总面积的2/3。该地区中有83个民族自治地方县、34个老区县、8个边境县；属于国家级贫困县的有66个，贫困人口共计1 163.1万。

云南省集中连片石漠化地区地处云贵高原东南部，东部与我国的广西壮族自治区为邻，北部、西部分别与滇中区和滇西南区相连，东南与越南接壤，是云南省的东南门户。包括文山壮族苗族自治州（以下简称文山州）的文山、砚山、西畴、麻栗坡、马关、丘北、广南、富宁8个县，曲靖市的师宗、罗平，红河州的屏边、泸西共计12个县。① 云南石漠化区土地面积92.49万公顷，占石漠化总面积的32.1%。其中石漠化土地面积最大的是文山州，达83.18万公顷，占石漠化总面积的28.8%。2009年统计显示，云南石漠化地区人口385万人，约占全省总人口的8%，该地区有壮、苗、彝、瑶、傣、布依、白、仡佬等11个少数民族。

云南省石漠化地区社会经济发展相对滞后。人均GDP、人均地方财政收入和农民人均纯收入较低。2009年统计显示，云南石漠化地区人均GDP为8 047元，仅为全省人均GDP的59.4%；人均财政收入477元，仅为全省人均财政收入的31.1%；农民人均纯收入2 536元，仅为全省农民人均纯收入的75.3%。人均GDP不到全省的2/3，人均财政收入仅为全省的1/3，农民人均纯收入为全省的75.3%，公共服务滞后，社会事业发展不平衡，农民收入增长缓慢。

二、云南石漠化地区贫困现状

云南石漠化地区集革命老区、民族地区、贫困地区、大石山区、边境地区于一体，贫困问题、石漠化问题和民族地区发展问题相互交织。该地区既是矿产、水能、旅游、农林产品、民族文化等资源富集地区，又是贫困面大、扶贫攻坚难度大的地区。

（一）贫困人口和深度贫困人口较多，贫困发生率高

云南石漠化地区12个县中有国家级贫困县9个。2010年，该地区农民人均纯收入2 770元，仅为全省和全国平均水平的69.9%和46.8%；贫困人口为179万，占石漠化地区人口的38.76%，其中深度贫困人口达16.3。位于中越边界的革命老区文山州是云南石漠化地区的主要区域，其贫困人口达60.9万，贫困发生率为15.8%；曲靖富源县贫困人口为6.5万，贫困发生率为9.11%；红河泸西县贫困人口为3.4万，贫困发生率为9.34%。

（二）基础设施薄弱，条件性贫困突出

近年来，云南石漠化地区落后面貌总体有了改善，但边远、少数民族贫困地区的交通、饮水、上学、就医、住房等公共服务设施仍然严重不足，发展不

---

① 2012年6月10日，国务院扶贫办公布全国连片特困地区分县名单中，滇桂黔石漠化地区包括80个县，其中云南有11个县；2012年6月21日，《滇桂黔石漠化地区区域发展与扶贫攻坚规划（2011—2020年）》中，滇桂黔石漠化地区包括91个县，其中云南有12个县。

平衡，与发达地区的差距继续呈扩大趋势。云南石漠化地区有22个乡镇不通沥青（水泥）路（占该地区乡镇总数的18%）、932个行政村不通硬化路；有36.6万户约150万人饮水不安全，同时贫困人口因病返贫、因灾返贫的现象严重，部分特困群众基本丧失生存条件，需要进行易地扶贫搬迁。

（三）多地区存在贫富悖论，贫富差距大

云南石漠化地区所涉及的12个县区中，大部分县区都具有非常丰富的矿产资源，如文山州的锡、锑、锰矿储量分别居全国的第二位、第三位、第八位；曲靖市的富源县含煤面积833平方千米（占该县国土面积的1/4），地质储量141.02亿吨，无烟煤探明储量达38.8亿吨，是我国西南最大的无烟煤田。在资源型城市中，无法避免的是贫富差距不断扩大的现实，赤贫和巨富共处于资源性城市中。例如，2011年富源县农村人均纯收入5 210元，已经远远超过2 300元的贫困线，这样的数据看似和贫困毫无关系。但是，殊不知农村人均纯收入5 210元是身价几千万元、上亿元的煤老板的收入拉抬起来的。资源型城市是"二八原则"的最佳证明，即20%的人掌握了80%的财富。一方面，贫富差距巨大；另一方面，资源型城市所创造的地区生产总值以及反映经济发展的指标都无不在反映该地区的富裕，扶贫在资源性城市显得尴尬。但繁荣的背后究竟隐藏着多少贫困农民，资源性城市的大部分地区依然存在贫富悖论。

（四）石漠化问题严重，面临贫困化与生态退化双重压力

云南石漠化地区地表起伏大，"山多、坡陡、水低、谷深、土薄、地瘠"，水土流失和石漠化问题严重，生存条件恶劣；同时该地区人口多，人口密度大（平均人口密度达到150人/平方千米），而该地区内可供开垦的耕地比例远低于其他平原、丘陵地区。作为以传统农耕为主导产业的地区，人地矛盾极为突出。当地农民为了解决吃饭问题，农民滥垦滥伐加之采取粗放耕作方式，导致生态严重退化，生态退化又进一步加剧了贫困化倾向。云南石漠化问题不仅严重制约当地经济和社会的可持续发展，使之成为云南生态退化严重、扶贫开发困难的区域，而且危及我国长江、珠江流域的生态安全，成为西南地区最为严重的区域性生态问题。

三、云南石漠化地区扶贫开发历程及取得的成效

20世纪90年代以来，国家和云南省相继实施治理石漠化的生态保护与建设项目，云南石漠化地区在长期石漠化治理过程中积累了不少经验教训，形成

了一些典型治理模式。这些模式对破解云南石漠化地区扶贫开发难题具有借鉴作用。

文山州在扶贫开发的进程中,积极采取工程措施与生物措施相结合、经济建设与生态建设相结合、发展生产与劳务输出相结合、就地开发与异地开发相结合的措施,总结出了具有文山特色的"山顶戴帽子、山腰系带子、山脚搭台子、平地铺毯子、入户建池子、村庄移位子"的"六子登科"综合扶贫开发模式。通过实施这一治理模式,石漠化山区逐步呈现出生产发展、生态良好的新景象。

四、云南石漠化地区扶贫开发

滇桂黔石漠化地区地处长江、珠江和澜沧江上游,是长江、珠江流域重要的生态功能区。加快推进滇桂黔石漠化地区区域发展与扶贫攻坚,有利于保障和改善民生,促进贫困人口脱贫致富,对于促进老、少、边、穷地区共享改革发展成果,加快贫困地区经济社会发展和全面建设社会建设进程具有十分重要的意义。

以石漠化治理为重点进行生态恢复,坚持扶贫开发和石漠化综合治理相结合,水利建设、生态建设和石漠化治理"三位一体"协同推进,走出一条石漠化地区经济社会发展、扶贫开发与生态建设良性互动的新路子。

加大投入力度,改进帮扶方式,把有限的资金用在石漠化地区贫困群众最需要的地方;深入实施"七彩云南保护行动",巩固退耕还林(草)成果,加快建设一批区域带动性强的铁路、公路、航空、水运等基础设施项目,全力破解石漠化地区加快发展的瓶颈制约,切实推动区域发展与扶贫攻坚工作取得新成效。

第三节 滇西边境山区

一、滇西边境山区简介

滇西边境山区是全国14个集中连片特困地区中唯一仅涉及一个省的片区。该片区涉及云南省10市(州)共56个县(区)。具体包括:保山市的施甸、腾冲等4个县;丽江市的永胜、宁蒗等3个县;普洱市的宁洱、墨江等9个县；临沧市的镇康、永德等8个区县；楚雄彝族自治州（以下简称楚雄州）的双柏、牟定等6个县；红河州的元阳、石屏等5个县；西双版纳傣族自治州（以下简称西双版纳州）的勐腊县、勐海县；大理白族自治州（以下简称大理州）的漾濞、祥云等11个县；德宏傣族景颇族自治州（以下简称德宏州）的梁河县、盈江县等4个县；怒江傈僳族自治州（以下简称怒江州）的贡山、福贡等4个县。

滇西边境山区大部分位于横断山区南部和滇南山间盆地，国土面积20.9万平方千米，占云南省的53%；截至2010年年末，总人口1 751.1万人，占云南省的38%。滇西边境山区是全国14个片区中少数民族种类最多、人口较少民族最为集中的片区。片区涉及的56个县中，有48个是民族自治地方县，居住着彝、傣、白、景颇、傈僳、拉祜、佤、纳西、怒、独龙等25个民族，其中有15个是云南独有少数民族、8个是人口较少民族。

滇西边境山区区位特殊，是全国14个片区中毗邻国家最多、边境线最长的片区。云南25个边境县中，有19个分布在滇西边境山区内。该片区有19个边境县分别与缅甸、老挝、越南接壤，边境线长达3 148千米，分别占云南省陆地边境线长度的77.5%和全国的13.8%。边境山区内有9个国家级口岸，边民互市贸易活跃，与周边国家产业互补性强，是我国通往东南亚、南亚的重要陆路通道，对外开放具有区位优势，对外开放合作前景广阔。

滇西边境山区境内有楚大铁路、大丽铁路和杭瑞、昆曼等高速公路，并且有澜沧江—湄公河国际航道，有大理、丽江、临沧等支线机场，立体交通骨干网络初步构成。

滇西边境山区内水能、矿产资源富集。区域内水系发达，地势海拔高差巨大，水量年内分配相对均匀，可开发水能蕴藏量极为丰富。区域地处我国西南三江成矿带，有色金属矿产资源富集，资源组合优势明显。

二、滇西边境山区贫困现状

（一）贫困规模大，贫困程度深

滇西边境山区涉及的56个县中有49个国家级和省级扶贫开发工作重点县。据统计，2010年片区人均地区生产总值为10 994.1元，人均地方财政一般预算收入为736.3元，城镇居民人均可支配收入为13 558元，农村居民人均纯收入为3 306元。滇西边境山区人均地区生产总值仅相当于全国平均水平的37%，城镇居民人均可支配收入和农村居民人均纯收入分别相当于全国平均水平的71%和55.9%，农民收入水平低、来源单一，工资性、财产性、转移性收入所占比例不高，农民人均纯收入比全省平均水平低646元，比全国平均水平低2 613元。

2010年滇西边境山区1 274元扶贫标准以下贫困人口为157万人，贫困发生率为10.5%。其中，怒江州的贫困发生率高达35%，高于全国贫困发生率30多个百分点，高于云南省的贫困发生率20个百分点。相当部分群众还存在住房、出行、饮水、就医、上学等困难，因病、因灾返贫等现象突出。

滇西边境群众家庭收入结构来源单一，经营性收入主要依赖粗放的种植业和养殖业，相当部分家庭处于深度贫困状态。如怒江州农民人均纯收入为2 005元，仅为全国平均水平的1/3、云南省平均水平的1/2。

（二）贫困分布既集中又分散，脱贫难度大

滇西边境山区贫困分布集中，主要表现为区域性的连片贫困和整县贫困、整族贫困。连片贫困具体表现在滇西边境山区的区县划分，如普洱市所辖的10个区县中，除思茅区外，其余9个县区全部列入规划区；大理市所辖的12个区县就有11个县区列为规划区范围，且滇西边境山区的56个县区中，有49个属于国家级和省级重点扶贫开发县；怒江州所辖的4个县和迪庆藏族自治州（以下简称迪庆州）所辖的3个县全部为国家扶贫开发工作重点县。整族贫困主要表现为一些小民族仍处于整体贫困状态。例如，怒江州90%以上的独龙族、70%以上的怒族群众仍处于贫困状态。而贫困分布分散主要是指贫困人口的居住分布相对分散，如怒江州"三山夹两江"，人口主要分布在两个大峡谷之中，因山高谷深，高寒冷凉，气候多样，地域辽阔，人口稀疏，交通不便，信息闭塞，每平方千米仅有34人，人口呈明显的海拔梯度分布，村落散布，村内民居不集中，群众居住分散，贫困人口主要聚居在远离交通线的山腰、山顶区域，导致整村推进整体建设成本、单项项目建设成本较高。

（三）条件型贫困与素质型贫困并存

滇西边境山区面临着条件型贫困和素质型贫困两大难题，扶贫开发难上加难，被称为云南省扶贫开发的"上甘岭"。

该片区基础设施建设落后，10个市州中尚有7个不通铁路，2010年年底营运铁路仅为297.3千米；高速公路通车里程仅为872.8千米，干线公路网络化程度较低，缺少东西、南北方向贯通的公路交通主通道。县乡公路等级低、质量差，3.7%的乡镇和72.6%的行政村不通沥青（水泥）路，32.2%的自然村不通公路。如怒江州目前还有9个行政村、1 458个自然村未通公路，全州55%的人口靠人背马驮解决运输问题。水利设施薄弱，骨干水利工程及其配套设施明显不足，小微型水利设施缺乏，基本农田中有效灌溉面积占比仅为58.5%。22.2%的行政村未完成农村电网改造，7.3%的自然村不通电。

滇西边境山区贫困不仅表现为条件性贫困，而且表现为素质型贫困。由于境区地处偏僻、封闭落后，社会发育程度较低，不少民众几乎是从原始社会直接过渡到社会主义社会，人均受教育程度只有6.2年，思想上和内地其他地区存在较大差异。例如，怒江州全州29个乡镇中，18个属于直接过渡地区，直接过渡区人口占全州总人口的62%，而各类人才仅占人口总数的3%。此外，文盲率较高，村民普遍缺乏脱贫致富技能，农业科技普及率低，生产、生活方式落后，市场经济意识不强，与外界交往少，接受新生事物能力不强。据统计，2010年滇西边境山区人均教育支出仅为1410.9元，高中阶段毛入学率比全国平均水平低31.6个百分点，教育设施整体落后，师资力量明显不足。以怒江州福贡县为例，福贡县上帕镇达普洛村实利底小学在怒江边的大山上，学校一到四年级共4个班、124名学生，仅有6名教师，其中还有2名是代课教师。

（四）贫困问题和边境问题、民族问题交织

滇西边境山区是全国14个片区中毗邻国家最多、边境线最长的片区，是少数民族种类最多、人口较少民族最为集中的片区，也是边境贫困问题最为严重的片区，是全国、云南省扶贫攻坚的重中之重、难中之难。

与全国其他特困片区相比，滇西边境山区的"边境"身份也使其显得特别，而且滇西边境山区是少数民族聚居地区，部分少数民族呈现整族贫困的特征。居住在澜沧江两岸的傈僳族、白族支系拉玛人以及人口较少民族普米族和怒族的贫困问题非常突出。据统计，2010年，怒江州傈僳族农民人均纯收入为1139元，怒族农民人均纯收入为1282元，基本上处于整族贫困状态。边境地区经济社会发展和扶贫开发工作成效关系到国家形象和边疆稳定，邻国对边境地区实施的政策优惠对边境群众会产生较大影响，毒品和疫病传播带来的社会问题也易增加不稳定因素。

三、滇西边境山区扶贫开发历程及取得的成效

滇西边境山区扶贫历史悠久，尤其是"十一五"时期以来，云南省整合资源促进滇西边境山区经济社会加快发展，扶贫开发工作取得了较为显著的成效。具体表现在以下三个方面：

（1）兴边富民工程成效显著。2005—2010年，云南省先后组织了两轮兴

边富民工程，累计投入资金超过 250 亿元。在 2008—2010 年第二轮兴边富民扶贫开发中，云南省政府累计投入 5.8 亿元，按每村补助 50 万元的标准，在边境 25 个县实施了 1 704 个贫困村整村推进，效果较为明显。

（2）贫困人口有所减少，农民收入有所增长。位于滇西边境山区的怒江州累计减少了贫困人口 4.8 万人，贫困人口由 2006 年的 28.8 万人下降到 2008 年的 24 万人，贫困发生率由 70.24% 下降到 57.14%；临沧市减少贫困人口近 30 万，全市农民人均纯收入由 1 346 元增加到 3 279 元，增长率为 143.6%；普洱市累计解决了 44 万贫困人口的温饱问题，全市农村贫困人口从 100 万人减少到 56 万人，贫困发生率从 44% 下降到 25%。

（3）居住发展环境有所改善。"十一五"期间，怒江州整合资金对居住在基本丧失生存条件地区的 2 019 户贫困人口实施易地搬迁，帮助转移到具有较好生产、生活条件的地方，完成了 1.18 万户安居房建设，帮助贫困农户从茅草房搬进扶贫安居房。

四、滇西边境山区扶贫开发

滇西边境山区扶贫开发应从以下几个方面入手：

（1）积极推进产业生态化，生态产业化。首先，要珍惜和巩固生态建设的成果。其次，坚持走"生态产业化，产业生态化"的发展道路。把核桃、油茶等经济林果和中药材等经济作物的种植作为滇西山区群众致富的主导产业，挖掘林下资源开发、特色畜禽养殖项目的增收潜力。同时，进一步完善生态补偿机制，调动滇西边境群众开展生态保护的积极性，让居住在保护区内的滇西群众通过生态补偿受益。

（2）有效推进资源整合，依托大扶贫格局推进消贫解困。滇西边境地区深度贫困问题的缓解，涉及基础产业的培育，基础设施的改善，基本素质的提升，基本保障水平的提高，对资金投入水平和技术保障力量提出了较高的要求，难以依托扶贫部门的单一力量完成。

（3）加快交通水利基础设施建设，切实改善发展环境。一方面，要从促进提升滇西地区商品经济发展，密切滇西群众和外界的市场联系，提高滇西群众经营性收入，重视改善交通基础设施的重要性；另一方面，考虑到滇西地区贫困人口大分散的特点，基础设施建设人均投入大、成本高的客观实际，要科学规划，合理确定拟建道路的通行标准。推进微型水利设施建设，改善农田灌溉条件和经济林果灌溉条件。特别是要科学规划，将水利设施建设与核桃等木本油料产业发展结合起来，解决经济林果遭遇的干旱问题，切实改善当地特色优势产业的发展环境和发展条件。

第四节 藏族聚居区

一、云南藏族聚居区简介

云南藏族聚居区是四省（云南、四川、青海、甘肃）藏族聚居区之一，属于全国14个集中连片特困地区之一，先于11个集中连片特困地区实施特殊政策。云南藏族聚居区特指迪庆藏族自治州。迪庆州位于云南省西北部，地处滇、川、藏三省交界的青藏高原南缘横断山区，全州国土面积23 870平方千米，平均海拔3 380米，海拔在3 000米以上的地域占全州总面积的53%。迪庆州辖香格里拉县、德钦县和维西傈僳族自治县，总人口400 182人（第六次全国人口普查数据）。其中，藏族约占总人数的33.81%，以藏族为主的少数民族占84%，其他少数民族包括傈僳、纳西、白、回、彝、苗、普米等7个千人以上的少数民族和其他人口较少民族16种。

迪庆是云南省唯一的藏族自治州、全国10个藏族自治州之一，具有同全国藏族聚居区大体一致而有别于省内其他民族自治地方的特点。特殊的地理位置、社会形态及自然气候等原因，经济社会发展水平与内地、与全国少数民族自治州相比，差距大、困难多。

据统计，2010年迪庆州地区生产总值为77.1亿元，农民人均纯收入为3 347元，自2005年以来，年均递增18.62%，增幅居于十大藏族聚居区之首；城镇居民人均可支配收入为15 996元，比2009年增长9.57%。迪庆州主要依靠得天独厚的旅游资源以及特有的藏族文化等文化产业带动经济发展。2010年，迪庆州旅游收入为56.1亿元。迪庆州藏族悠久的历史文化已被申报列为全国第10个非物质文化遗产保护区。迪庆州全州文化产业增加值占GDP的比重为6.8%，居全国藏族聚居区第一。

迪庆州为"三江并流"世界自然遗产的核心腹地，历史上是西南"茶马古道"的要冲和东部藏族聚居区重要的物资集散地。

迪庆州境内旅游资源和生物资源丰富，集雪山、峡谷、高山草甸、宗教和民族风情为一体，境内有中国大陆第一个国家公园——普达措公园以及人间天堂香格里拉旅游胜地；境内有野生动物1 400余种，仅国家一、二级保护动物种类就达 80 余种，有国家一级保护动物滇金丝猴、野驴、黑颈鹤等。

二、云南藏族聚居区贫困现状

（一）贫困人口比重大、区域发展不平衡、贫富差距大

据统计，2007 年年底迪庆州全州还有农村贫困人口 11.76 万人，占农村人口的 39.2%，其中，绝对贫困人口 5.32 万人，比重名列全省第二；低收入人口 6.44 万人，比重名列全省第一；如果国家把贫困标准提高到 1 300 元，贫困人口将达到 22 万多人；全州农民人均纯收入 1 866 元，比 80 个重点县、全省平均水平分别少 133 元和 768 元，是全省贫困程度最深的地区之一。全州城乡收入比率为 1∶0.19，农村居民与贫困和低收入人口收入比率为 1∶0.26，城乡差距、贫富差距呈继续扩大趋势。

（二）社会发育程度较低，扶贫开发成本高、脱贫难度大

迪庆州地形地貌复杂，基础设施脆弱，通水通路问题尤为突出。目前，全州还有 7 个村委会和 1 162 个村民小组未通公路，有近 12 万人饮水困难，有 2 个村委会和 192 个村民小组未通电，有 1.8 万多农户住房困难。全州人均受教育年限仅为 5.6 年，每 25 平方千米才有 1 所小学，每 1 326 平方千米才有 1 所初级中学，县乡卫生院及农村卫生室设施简陋，每千人拥有卫生人员仅 3 人。许多少数民族由封建农奴制、氏族制、原始公社制直接过渡到社会主义制度，社会事业发展滞后。因山高谷深，江河深切，高寒冷凉，气候多样，地域辽阔，人口稀疏，每平方千米仅 15.68 人，基础设施人均投入成本和单位建设成本高。例如：从香格里拉县城运输 1 吨水泥到香格里拉县的东旺乡需运费 350 元；德钦县佛山乡优良核桃品种种植比原产地推迟 2 年以上挂果。

（三）贫困群众收入结构和消费结构显现特殊性，脱贫的产业基础薄弱

2007 年，迪庆全州人均经济林果 0.3 亩，德钦、维西、香格里拉的人均猪、牛、羊肉产量分居全省第 116 位、第 106 位、第 65 位，人均蔬菜产量分居全省第 127 位、第 121 位、第 94 位。全州第一产业、第二产业、第三产业分别占农村经济总收入的 74.3%、3.7%、21.98%，第一产业中农业收入占 49.7%，牧业收入占 36.3%。全州恩格尔系数达 58% 以上，且沿江、二半山区、高寒山区居住人口收入结构、消费结构差异性大。虽然现金收入高，因粮食不能自给，大米、茶叶等主要依靠购买，食物性消费支出高，收入波动大，家庭积累难。

（四）贫困人口分布具有明显的海拔梯度特征，致贫因素复杂多样

迪庆州海拔高差 5 260 米，从南到北平均每千米海拔升高 23.4 米，澜沧

江、金沙江在怒山、云岭、沙鲁里山挟持下，山地高峻，谷地幽深，河谷多呈"V"形峡谷，80%以上的地面海拔在3 000米以上，绝大多数山地处于高寒层，呈现从北亚热带到高寒漠带的自然景观和多层次的生态环境，耕地面积比例小，自然灾害频繁，返贫率高。全州贫困人口主要分布在澜沧江、金沙江沿岸的高寒山区和二半山区，贫困人口文化素质低，条件型贫困、素质型贫困复杂交织。另外，迪庆州属"三江并流"核心腹地，地处金沙江、澜沧江的上游，虽然人均水电、矿产、森林等自然资源居全省前列，但受主体功能区划分的限制，资源的开发可能受到制约，环境保护与开发的矛盾突出。

三、云南藏族聚居区扶贫开发历程及取得的成效

（一）对口帮扶成效显著

自2004年上海启动对迪庆州对口帮扶举措以来，上海市先后投入资金8 000多万元，实施了25个行政村整村推进、89个自然村安居温饱和21个产业发展扶持项目。项目的实施既改善了迪庆州贫困农村的生产、生活条件，又为全州贫困群众的可持续脱贫奠定了坚实的基础。在上海市的大力帮扶下，迪庆州全州贫困人口由2004年的16.87万人下降到2010年的8.8万人，减少了47.8%。

（二）农民收入有所增长

2010年，迪庆州贫困人口规模从2006年年末的15万人下降到2010年的8.8万人，贫困发生率由40%下降到22%；农民人均纯收入由2005年的1 425元增加到2010年的3 347元，增长2 071元，增幅高于全省平均水平8个百分点以上。其中，维西县贫困人口规模由2006年年末的7.9万人下降到2010年年末的4.1万人，农民人均纯收入由2006年年末的1 461元增加到2010年年末的3 296元，年均增长22.6%。香格里拉县的贫困人口由2006年年末的4.75万人下降到2010年年末的3.29万人；农民人均纯收入由2006年年末的1 765元增长到2010年年末的3 026元。德钦县贫困人口规模由"十五"末的3.27万人下降到"十一五"末的2.26万人，贫困发生率由62.44%下降到43.15%；农民人均纯收入由"十五"末的1 424元增加到"十一五"末的3 372元。

（三）居住发展环境有所改善

迪庆州"十一五"累计完成扶贫安居工程改造9 301户；通过加强水利设施建设，完成基本农田建设696亩，新建和改善灌溉面积9 056亩，解决8万

多人和 14.5 万头牲畜饮水的困难；新建和维修通村通组公路 1 295 千米，硬化村内道路 236 万平方米，改善了贫困群众的出行条件；通过大力实施"人下山、树上山"生态移民工程，不仅改善了藏民的居住条件，也提高了藏民的经济发展能力。

四、云南藏族聚居区扶贫开发

藏族聚居区扶贫开发主要是突出产业驱动，围绕民生改善，抓实项目工作，发挥市场作用，抓好连片整乡整村推进，切实打好迪庆藏族聚居区扶贫开发攻坚战。围绕高原特色农产品、生物资源开发、文化旅游发展特色优势产业。大力发展科教文卫事业，推动收入倍增。加强基础设施，实施农村保障性安居工程，建设美丽乡村。树立持久脱贫的理念，坚持"造血"扶贫和"扶智"、"扶志"并举，瞄准贫困对象提升扶贫实效，坚持专项扶贫、行业扶贫和社会扶贫"三位一体"的扶贫攻坚格局，注重规划先行和工程项目质量，聚集资金合力确保资金的使用效益。

第三章 云南省农村扶贫开发回顾及定位

第一节 历史进程

云南省的社会经济发展在全国属于欠发达地区,由于山地多(94%)、平地少(6%),山区和坝子之间的社会经济发展极不平衡;不少贫困地区和一部分民族是从原始社会末期、奴隶制社会等形态直接过渡到社会主义社会。由于自然和历史原因,少数民族社会发育十分缓慢。贫困人口主要集中在深山区、石山区、高寒山区、干热河谷地区和少数民族聚集区、革命老区、原战区、边境地区。贫困人口多且分布地区广,1986年全省有1 210万贫困人口,全省128个县(市)中有73个国家级贫困县(市),占53%。贫困地区社会发育程度低、贫困程度深、基础设施差、自然灾害频繁且地方财政匮乏。为了改变贫困地区的状况,云南省开展了长达近20年的扶贫历程。云南省的扶贫开发工作主要经历了四个阶段。

一、对贫困地区加强工作力度阶段

这一阶段的时间跨度为1978—1985年。党的十一届三中全会以来,党中央、国务院进一步加强了对贫困地区的工作力度,于1979年下发了《中共中央关于加快农业发展若干问题的决定》。该决定废除了人民公社制度,建立了以家庭承包经营为基础、统分结合的双层经营体制,确立了农民经营自主权,释放了长期被压抑的生产积极性,促进了生产力的大发展,农村经济全面发展,农产品产量大量增加,农民收入迅速提高。云南省没有解决温饱的贫困人口，从占总人口的 1/2，减少到占总人口的 1/3。

1984 年 9 月党中央、国务院发出《关于帮助贫困地区尽快改变面貌的通知》，提出解决贫困地区的问题要突出重点，目前应集中力量解决十几个连片贫困地区的问题，对贫困地区国家要有必要的财政扶持，纠正单纯救济，发展多种经营，变单一经营为综合经营，变自然经济为商品经济。同年 9 月，云南省政府下发了《云南省贫困地区有关税收的若干规定》。1985 年 1 月，云南省委成立了云南省贫困地区工作领导小组。强调要集中力量解决十几个连片贫困地区问题，贫困乡比较集中、贫困面比较大需要重点扶持的有 38 个。

二、贫困人口稳定减少阶段

这一阶段的时间跨度为 1986—1995 年。1986 年国务院出台了《关于贫困地区尽快改变面貌的通知》，并成立了扶贫开发领导小组和办公室。同年 3 月，云南省印发《关于切实加强贫困地区工作，尽快解决温饱问题的决定》，要求各地采取切实措施，解决群众的温饱问题。同时，云南省、各地州市县也相应成立了省、州、县级扶贫工作领导小组和办公室，标志着云南省扶贫开发工作从此全面进入党和政府的工作日程。

1986 年，云南省报送到中央的人均纯收入 150 元以下的有禄劝、巧家、镇雄等 17 个县；200 元以下的有墨江、景东、景谷、江城等 16 个县。最终确定有 26 个县享受国家专项贴息贷款，纳入省扶贫范围的有 15 个贫困县。云南省省级各个部门对 41 个贫困县定点挂钩扶贫，并且有部分中央企业也对部分贫困县开展了挂钩扶贫。国家在人力、物力和财力等方面积极进行扶持，在广大干部群众的努力下，脱贫取得了初步成效，400 万人基本解决温饱。41 个贫困重点县粮食年增 2.32%，人均纯收入净增 50.4 元。这一阶段云南省明确"七五"期间分期分批解决全省 600 万农村贫困人口的温饱问题。

1991 年年初，列入扶贫范围的贫困县由在"七五"期间国定、省定 41 个县的基础上，新增 31 个省定贫困县，扶持面达 72 个县。国家新增云南省扶贫专项贷款指标 8 000 元，以工代赈粮食指标 1 亿千克，人均收入 300 元以下的县被列入扶贫对象。1992 年，人均收入 400 元以下的县被列入扶贫对象。1991—1993 年新增基本农田、地 195.67 万亩，开垦宜农荒地 57.97 万亩；建设灌溉用小水池、窖、塘 12.5 万个，年增加蓄水能力 876.8 万立方米，新建人畜饮水工程 31 812 件，新修能通载重汽车的公路 10 130 千米，能正常通车公路 2 900 千米。

这一阶段，云南省改变过去单线救济方式，实行新的经济开发方式，集中人力、物力免购国库券等若干扶贫优惠政策。对26个贫困县、350万贫困农业人口进行国家专项贴息贷款扶持。1991—1995年，云南省开展了科技扶贫、开发扶贫和重点扶贫等政策措施。这些措施积极推动了贫困地区广大干部群众的积极性，通过发展生产、开发资源、摆脱贫困。云南省贫困人口稳定减少，全省贫困人口由1 200多万人减少到783万人。

三、扶贫攻坚阶段

这一阶段的时间跨度为1996—2000年。根据《国家八七扶贫攻坚计划》，云南省制订并实施了《八七扶贫攻坚计划》，做出了《关于打好扶贫攻坚战，确保"九五"基本脱贫的决定》。明确以扶贫到户为主，坚持开发式扶贫等扶贫攻坚方式。先后制定和实施了一系列的扶贫攻坚政策措施：首先是按照中央的要求实行党政一把手责任制，各级都实行一把手责任制，特别是贫困县县委书记和县长亲自抓扶贫开发、深入乡村调查研究，具体解决实际问题；其次是坚持开发式扶贫方针，实现从"救济式"扶贫到"开发式"扶贫的转变，是全部扶贫政策和措施的核心与基础；最后是突出重点，到村到户，真正使贫困户受益。

在这些政策方针的保障下，这一期间实施了以506个攻坚乡为重点的改土、治水、办电、修路和绿色五大工程。73个扶贫攻坚贫困县完成坡耕地改梯地254万亩，中低产田、地改造613万亩，实现了人均1亩田、地的目标；建设小水池、窖、塘蓄水灌溉工程59.17万个，开挖从水库、坝塘、河流等水源头到灌溉耕地的主干小水沟、渠道，实现了人均拥有半亩水田或水浇地；1994年506个攻坚乡未通电农户87.8万户，占攻坚乡总户数197.2万户的44.5%，通电率为55.5%，到2000年年未通电农户下降到31万户，占当年乡镇总户数的14%，通电率提高到86%；1994年年未通公路的行政村2 143个，占当年扶贫攻坚贫困县行政村总数的42.6%，到2000年全部乡镇所在地都实现了通公路，只有218个行政村未通公路，基本达到4级水平；73个扶贫攻坚县的经济林、果面积从1994年的751.4万亩，农户均1.68亩，提高到2000年的1 340.9万亩，农户均2.75亩。同时，政府还组织实施了小额信贷、易地开发、安居温饱工程、特困民族乡扶贫等一些行之有效的措施；加强挂钩扶贫和社会帮扶的力度；积极争取外援、扩大外资扶贫。

通过这一系列政策措施的执行，73个扶贫攻坚贫困县的贫困人口从1996

年的223.5万人下降到2000年的119.38万人,云南省贫困人口从783万人减少到405万人。

四、巩固扶贫成果阶段

这一阶段的时间跨度为2001—2010年。根据《中国农村扶贫开发纲要(2001—2010年)》,云南省制定和组织实施了《云南省农村扶贫开发纲要》。

2001—2005年间,云南省投入财政扶贫资金18.5亿元,完成了1 274个以村委会为单位和5 110个以自然村为单位的整村推进、茅草房改造24.65万户,建设基本农田地45万亩、新增经济作物46.93万亩,发展大小牲畜34.9万头(只)、建设五小水库等水利工程12万件、沟渠4 800千米、村级公路2万千米、村级公路2万千米,架设输线电路7 427千米,建沼气池19.3万口,改建村级完小327所、卫生室380所、文化室235所、广播电视网络和接收站136个。有60万贫困农户、300多万贫困人口受益。80个国家级和省级扶贫开发工作重点县农民人均纯收入从2000年的1 103元增加到2005年的1 537元,绝对贫困人口从2000年的337.5万人下降到2005年的248.4万人,减少了89.1万人;低收入贫困人口由2000年的684.6万人下降到2005年的489.4万人,减少了195万人。贫困人口总数在云南省农村人口中的比重由29.6%下降到21%。

2005—2006年间,云南省共投入省级以上财政扶贫资金104.58亿元,其中中央财政扶贫资金75.77亿元,省级财政扶贫资金28.81亿元,省级财政资金投入总量居全国第一位。27家中央国家机关、企事业单位在云南42个扶贫开发工作重点县,直接投入帮扶资金3.13亿元。云南省还制定实施了《中共云南省委、云南省人民政府关于完善省级机关企事业单位定点挂钩扶贫责任制度的意见》,213家省级国家机关、企事业单位直接投入帮扶资金8.89亿元。广泛动员驻滇部队、民营企业、科研院所、大中专院校多渠道、多形式参与扶贫开发,并积极开展减贫领域的国际合作与交流。云南新增和改建农村公路里程4.5万千米,新增灌溉面积74.4万亩,改善灌溉面积171.8万亩,解决和改善了343.6万人的饮水安全问题。完成学校(校点)建设480个,建设村级卫生室1 553所,文化活动室36.3万平方米,活动场地44.2万平方米。共建设沼气池95.4万口,推广节能灶44.9万口,发展种植生态林22.5万亩。云南73个国家扶贫重点县农民人均纯收入由2006年的1 654元提高到2 569元。全省贫困人口从2005年年末的737.8万人下降到2010年年末的325万人,减少了412.8万人，贫困发生率由20.7%下降到8.6%。80个扶贫重点县农民人均纯收入由1 497元提高到3 109元，年均增幅15.7%。

五、小结

经过全社会近30年的努力，加上有计划、有组织和大规模的扶贫行动，云南农村形成了有利于生产发展、生活提高的一套政策，云南省贫困地区发生了巨大变化。云南省通过坚持不懈的努力，在消除贫困、提高贫困群众生活水平和生活质量、改善生产和生活条件等方面取得了巨大成就。

(1) 贫困地区农民收入持续快速增长。2001—2010年，贫困地区人口的人均收入由1 103元增加到3 109元，年均增长10.92%，增长幅度明显高于云南省人均增长水平。

(2) 贫困地区生产和生活条件明显改善。通过在贫困地区修建、扩建村级公路，村委会通路率达84%以上；通过新增基本农田，人均基本农田超过1亩；通过"五小"水利工程，人畜饮水得到了较大改善；通过农村电网改造，93%的自然村实现了通电目标；通过异地搬迁，改善了生存条件；退耕还林，贫困地区的生态环境进一步改善。

(3) 贫困地区产业培育力度逐步加大。云南省始终把支撑贫困农民增加收入的产业培植作为扶贫开发工作的重点，不断加大投入力度，有效地增强了贫困地区脱贫致富的造血功能。

(4) 贫困地区劳动力综合素质进一步提升。通过对全省贫困地区劳动力的培训和转移力度不断加大，大幅增加了农民收入，促进了贫困农民转变观念和提升其综合素质。

(5) 贫困地区农村社会事业加快发展。通过贫困地区改造中小学危房，适龄儿童入学率得到了较大提高；将贫困线纳入全省农村合作医疗改革，建村级卫生室，贫困群众就医难的问题得到缓解；通过建设地面卫星接收站、图书室和文化站等文化设施，极大地丰富了贫困地区人民群众的文化生活。

第二节 云南省扶贫面临的新形势

虽然云南省扶贫开发取得显著成效，但制约贫困地区发展的深层次矛盾依然存在。主要体现为以下几个方面：

（1）农村贫困人口数量依然庞大，深度贫困人口比重依然很高。虽然贫困人口在持续减少，但贫困面大、贫困程度深的状况仍然没有从根本上改变，致贫因素较多且复杂、返贫压力增大。按照农民人均纯收入2 300元（2010年不变价）的新国家扶贫标准，云南省贫困人口将超过1 500万人，其中仍有深度贫困人口160.2万人，是云南省扶贫攻坚最难啃的"硬骨头"。贫困人口主要集中在生存环境更差、居住更加分散、构成更加复杂、社会发育程度更为落后的山区和少数民族地区、革命老区、边境一线、"三江"沿岸地区等，扶贫工作难度越来越大，成本越来越高。同时，自然灾害、市场风险已成为贫困农户的经常性威胁和致贫返贫的主要因素，工程移民、建设用地、生态保护和资源开发等项目，都可能产生新的贫困群体。虽然贫困地区农民收入增长较快，但区域、城乡和农村内部的收入差距仍在继续扩大，相对贫困问题日益突出。

（2）集中连片特殊困难地区贫困问题依然凸显。云南省的集中连片特殊困难地区涉及乌蒙山区、石漠化地区、滇西边境山区和藏族聚居区4个片区，共91个县，数量居全国第一位。截至2010年年底，4个片区贫困人口占云南省贫困人口的80%以上、深度贫困人口占全省深度贫困人口的90%以上。

（3）边境和民族贫困问题依然严峻。边境一线、"三江"沿岸地区、革命老区以及昭通、迪庆和怒江等州（市），7个人口较少民族和少数民族中的困难群体的贫困问题仍然十分严峻，农村残疾人的贫困面比较大，实现脱贫致富受到多重制约。2010年，云南省民族自治地方及25个边境县贫困发生率均高于全省平均水平，全省农民人均纯收入在785元以下的深度贫困人口中，少数民族占68.6%。

（4）贫富差距扩大趋势依然持续。在已解决温饱的贫困人口中抵御自然灾害的能力弱，返贫率高，贫富差距越来越大。农村居民人均纯收入与城镇居民可支配收入的比率，从全国来看，2002年为1：2.8，2009年为1：3.34；从云南省来看，2002年为1：4.27，2009年为1：4.29；已远远超过了国际公认的1：3的警戒线。2009年，云南省农民人均纯收入为3 369元，仅为城镇居民可支配收入14 424元的23.3%；云南省农民人均纯收入最高的玉溪市为5 119元，最低的怒江州仅为1 709元，相差3 410元。

（5）贫困地区经济发展与生态保护的矛盾依然突出。虽然贫困地区生态环境恶化趋势总体得到初步遏制，但生态环境保护区农民的生计问题还没有得到稳定解决。云南省约50%以上的国土面积划为天然林保护区、生态公益林区和自然保护区，是大江大河的上游区，是我国长江流域、珠江流域国土安全的生态屏障，这些区域绝大部分为贫困地区。居住在这里的农村居民赖以生存的森林等自然资源被无偿划拨，没有可替代的、可脱贫致富的生计，使一些主要依靠资源开发的贫困地区陷入两难境地，扶贫开发与环境保护的矛盾十分突出。

贫困问题仍旧是制约云南省科学发展和谐发展、跨越发展的重要瓶颈。全省有73个国家级扶贫开发工作重点县（以下简称重点县）和7个省级重点县，连片特困地区涉及85个县（市、区）。扶贫开发工作仍然是全省经济社会发展最大的难点、最突出的重点之一，仍然是一项长期而重大的历史任务。

第三节　云南省新时期的扶贫定位

2011—2020年是云南省加快扶贫开发进程的战略机遇期，是集中攻坚解决深度贫困问题的决战期，扶贫开发已经从以解决温饱为主要任务的阶段转入解决深度贫困问题、巩固温饱成果、加快脱贫致富、改善生态环境、提高发展能力、缩小贫富差距、构建和谐社会的新阶段。云南省根据《中国农村扶贫开发纲要（2011—2020年）》，结合云南实际，制定了《云南省农村扶贫开发纲要（2011—2020年）》。

新时期扶贫的总体目标是到2015年，贫困地区农民人均纯收入增长幅度高于全省平均水平，不低于当地经济发展速度，贫困人口大幅减少，基本实现扶贫对象有饭吃、有水喝、有房住、有学上、有医疗、有产业。到2020年，基本解决深度贫困和连片特困地区贫困问题，稳定实现扶贫对象不愁吃、不愁穿，保障其义务教育、基本医疗和住房，贫困自然村村内通硬化道路、户户通电、通广播电视、通电信网络，贫困地区基本公共服务主要领域指标接近全省平均水平，城乡收入差距力争控制在3∶1，基尼系数控制在0.38以内，发展差距逐步缩小。

新时期的扶贫措施主要应从以下几个方面着手：

（1）继续改善贫困地区的基础设施。继续完成贫困地区中低产田地改造、"五小"水利工程；保障人均基本口粮田；解决农村人口的饮水安全问题，基本解决农村家畜的饮水安全问题；全面解决贫困地区无电行政村的用电问题、基本解决边远少数民族贫困地区深度贫困群体的用电问题；贫困地区县城通二级或二级以上高等级公路，实现乡（镇）通沥青（水泥）路、通客运班车；完成农村困难家庭危房改造。最终达到农田水利基础设施建设水平明显提高；农村饮水安全保障程度和自来水普及率进一步提高；全面解决无电人口的用电问题；实现全部行政村通水泥（沥青）路，村庄内道路硬化率达到85%以上，实现村村通班车，全面提高农村公路服务水平和抗灾能力；消除农村危房和人畜共居住房。

（2）继续贫困地区的培育优势产业。在贫困地区培育农产品加工和扶贫龙头企业。不断增加贫困地区经济林果和经济作物，帮助贫困群众养殖大牲畜，提高特色产业发展质量和效益。实现贫困县有支柱产业、乡有主导产业、村有骨干产业、户有增收项目，初步构建特色支柱产业体系。

（3）继续注重发展贫困地区的社会事业。不断提高贫困地区学前三年教育毛入园率、九年义务教育巩固率、高中阶段毛入学率，合理确定普通高中和中等职业学校招生比例，保持普通高中和中等职业学校招生规模大体相当；实现贫困农户户户掌握一定的农业科技，有条件的培训转移劳动力，扫除青壮年文盲；基本健全贫困地区县、乡、村三级医疗卫生服务网，县级医院的能力和水平明显提高，乡乡有卫生院，村村有卫生室，人人参与新型农村合作医疗，基本实现门诊统筹全覆盖，逐步提高儿童重大疾病的保障水平，重大传染病和地方病得到有效控制；基本建立广播影视公共服务体系，已通电自然村广播、电视实现全覆盖；行政村基本通宽带，自然村和交通沿线通信信号基本覆盖，农业信息服务覆盖所有的县、乡和行政村；农村最低生活保障制度、五保供养制度和临时救助制度进一步完善，实现新型农村社会养老保险制度全覆盖；力争重点县出生缺陷发生率逐步降低，婴儿死亡率和孕产妇死亡率下降，人口素质明显提高。

（4）打好生态修复攻坚战。贫困地区森林覆盖率逐步提高，石漠化得到有效治理，生态安全屏障作用不断巩固。

到2020年，云南省将争取基本解决深度贫困问题，基本解决连片特困地区贫困问题，贫困地区基本公共服务主要领域指标接近全省平均水平，稳定实现扶贫对象不愁吃、不愁穿，保障其义务教育、基本医疗和住房，贫困人口综合素质明显提高。

第四章　云南省扶贫开发模式分析

云南省经过近30年的扶贫努力，通过因地制宜地采用不同的扶贫模式，取得了显著的成绩，贫困地区的人均收入贫困人口大幅减少，作为全国贫困人口省份之一，云南省扶贫开发模式既是全国扶贫模式的一种缩影，也是结合当地自然条件和实际生产、生活的一种创新，云南的扶贫经验是我国及整个亚洲的财富。以下将就不同主导主体的扶贫模式、不同手段的扶贫模式和一些特殊扶贫模式进行陈述、分析和总结。

第一节　不同主体主导下的扶贫开发模式

关于扶贫理论，罗伯特·伍思努提出了国家、市场和非营利组织的三部门模式，国家的主要特点是强制性权力，市场主要以非强制的原则来运作，非营利组织主要依靠志愿者工作。不同的扶贫主体，其扶贫的初衷不同、资金渠道不同、采用的模式也具有差异。

一、以政府为主体的扶贫开发模式

我国的扶贫体制决定了我国的扶贫以政府主导、社会参与、开发扶贫和全面协调发展的扶贫方式。这种以政府为主导的组织型、管理型的扶贫机制，在扶贫开发中体现出独特的优势：①有利于从宏观上把握和调整扶贫开发的力度、项目、规模和布局，有利于扶贫工作和整个经济工作的协调。②依托行政隶属关系建立的层级负责制度，将区域经济发展和脱贫致富目标强化为具体而持久的行政领导行为。③有利于保证扶贫开发的力度；依靠政府强大的资源动员能力，将行政管理体制和众多的企事业单位、组织、党政机关、东部沿海发达省、市以及非政府组织和国际组织联合起来,共同参与扶贫计划;政府具有制度创新后的组织推广能力,政府扶贫具有全局性和政策性等。近30年我国政府充分发挥政府在扶贫工作中的作用,经过努力探索,建立了一系列卓有成效的扶贫模式。这些扶贫模式在云南省的扶贫工作中起到了良好的扶贫效果。

(1) 农村社会保障模式。农村社会保障模式主要包括赈灾、社会救助。社会救助包括五保户供养和最低生活保障等。赈灾救助方式主要是对于遭受自然灾害的灾民及贫困人口的临时性救助。赈灾救助方式对处于受灾的贫困居民而言是雪中送炭,是非常必要的一种救助方式,但这种救助方式只能解决贫困居民暂时的困难,无法进行长期保障。五保户供养是对无劳动能力、无生活来源又无法定赡养、抚养、扶养义务人,或法定赡养、抚养、扶养义务人无赡养、抚养、扶养能力的老年、残疾或者未满16周岁的村民在吃、穿、住、医、葬方面给予村民的生活照顾和物质帮助。农村最低生活保障是指由地方政府为家庭人均纯收入低于当地最低生活保障标准的农村贫困群众,按最低生活保障标准,提供维持其基本生活的物质帮助。2010年,云南省22.1万农村五保对象实现应保尽保,财政支出近2.8亿元,纳入农村最低保障人数近375万人,财政支出近26.5亿元。社会救助方式是对于由于能力或资源限制而陷入贫困人口的长期持续的救助行为,能够弥补民政部门的临时救助的不足。

(2) 整村(乡)推进模式。整村(乡)推进是指为如期实现《中国农村扶贫开发纲要(2001—2010年)》目标所采取的一项关键措施;以扶贫开发工作重点村为对象,以增加贫困群众收入为核心,以完善基础设施建设、发展社会公益事业、改善群众生产和生活条件为重点,以促进经济社会文化全面发展为目标,整合资源、科学规划、集中投入、规范运作、分批实施、逐村验收的扶贫开发工作方式。整村(乡)推进有利于整合扶贫资金、各类支农资金和社会帮扶资金等资源,集中力量解决贫困乡镇的基础设施滞后、产业基础薄弱、公共服务不足、人才资源匮乏等瓶颈,从根本上解决了连片贫困地区的扶贫问题。2001—2010年,云南省累计投入省级以上财政扶贫资金51.7亿元,完成了2 078个村委会和2.53万个贫困自然村的整村推进,有143.5万户贫困农户直接受益,提前一年完成"三个确保"的目标任务。典型案例,曲靖市从2007年开始,以户"八有"、自然村"六有"和行政村"六有"为目标,每村整合投入资金400万元,探索开展了"政府大投入、资金大整合、项目大集中、社会大参与、群众大建设"的整村推进扶贫开发新路子,在较短时间内实现了332个贫困村委会经济社会跨越式发展、贫困人口整体脱贫。

(3) 易地扶贫模式。易地扶贫是指将生活在缺乏生存条件地区的贫困人口搬迁安置到其他地区,并通过改善安置区的生产和生活条件、调整经济结构和拓展增收渠道,帮助搬迁人口逐步脱贫致富。云南省"十一五"扶贫易地搬迁工作取得了新的进展。共投入省级以上资金14.68亿元,转移安置贫困群众29.57万人。其中:财政扶贫易地搬迁14.32万人,投入资金8.66亿元;国债扶贫易地搬迁12.25万人,投入资金6.02亿元。例如,永德县大山乡龙塘沟自然村,红山自然村一组、二组海拔地处碳酸盐岩地区中松散堆积的不稳定陡坡上,随时面临滑坡的威胁,2009年共投入资金337.9万元。其中,省级以上财政扶贫资金168.5万元,群众自筹169.4万元,组织实施了易地扶贫开发,转移安置农户55户337人,从根本上改善了基本丧失生存条件贫困群众的生产和生活条件。易地扶贫模式改善了贫困人口的生存环境,有效地保护了生态环境,开阔了迁入居民的视野,提高了人口素质,增加了贫困居民收入。然而,这种扶贫模式的执行仍存在很多问题:①迁入地的土地调整难度大,已分配土地的农民不愿转让给迁入的贫困户;②极度贫困的群体畏惧搬迁,极度贫困的群体没有能力自筹资金用于建房和发展生产,导致这部分群众望而却步,不敢搬迁;③搬迁户后续产业培育难度大。搬迁后的农户仍然以传统的农作物种植为主,培育新的支柱产业缺乏资金扶持,发展后劲差。要很好地发挥易地扶贫的作用,使易地搬迁"搬得出、稳得住、能发展、可致富"。

(4)以工代赈模式。以工代赈模式是指政府规定救济对象必须通过参加社会公共工程建设而获得赈济物或资金的一种特殊救济方式。以工代赈模式主要运用于政府对贫困地区的赈灾扶贫工作中,其基本内容包括采取国家投入实物折款与地方配套资金相结合的方式,重点扶持贫困地区修建道路和农田水利基础设施。一方面为当地经济增长创造物质基础,另一方面为贫困人口提供短期就业和收入。以工代赈模式的实质是通过"输血"达到"造血",救济性、诱导性和开发性同时兼顾,最终实现赈灾救济和发展的双重功能。云南省以工代赈扶持范围为国家级73个贫困县,并以这些县中的贫困乡、村作为安排项目及资金投放的重点。主要是扶持这些地区的贫困群众建设基本农田(地),修建小型农田水利工程,解决农村饮水,建设县、乡公路和经济开发道路,发展畜牧业,种植经济林果,改善农村通信条件,进行"绿色希望工程"建设。云南省以工代赈扶贫模式存在后续维护管理难度大的问题。云南省大多数以工代赈项目如农田水利、公路等,地处半山坡,时有山体滑坡、泥石流等自然灾害发生,普遍容易出现严重的损毁现象,建成后维护费用高,影响了项目效益发挥,给工程的管理维护带来了一定难度。一些项目管理工作有差距,重项目争取、轻建设管理的现象不同程度存在。

(5) 对口帮扶模式。对口帮扶模式是指由中央政府倡导、各级政府率先垂范、全社会广泛参与的一种扶贫模式。对口帮扶可分为三个层次：一是在中央政府的统一安排下，以地方政府主导的东西部协助扶贫，即东部发达省市帮扶西部贫困省区；二是中央和各级国家机关、企事业单位帮扶辖区内的贫困县区；三是社会组织、民间组织和民主党派到贫困地区进行产业投资、合作和智力帮扶。对口定点帮扶双方应本着"优势互补、互惠互利、长期合作、共同发展"的原则，在扶贫援助、经济技术合作和人才交流等方面展开多层次、全方位的协作。1996—2009年的14年间，27家中央国家机关、企事业单位在云南省42个扶贫开发工作重点县，共派出蹲点扶贫干部317人，挂钩单位领导深入定点县、乡、村实地考察4 144人次，直接投入扶贫资金18.13亿元，引进扶贫资金8.91亿元，实施扶贫项目2 446个，引进人才1 976项，修建校舍375所，资助学生15.2万人，举办各类培训班43 492期，共573.1万人次。2001—2010年间，213家省级国家机关、企事业单位对云南省的直接投入帮扶资金12.65亿元。并广泛动员驻滇部队、民营企业、科研院所、大中专院校多渠道、多形式参与扶贫开发，并积极开展减贫领域的国际合作与交流。例如，外交部定点帮扶麻栗坡县17年来，共投入帮扶资金1亿多元，主要实施了"温饱工程"、"卫生工程"、"希望工程"和"培训工程"共4类工程492个项目，使全县农民人均纯收入达到2 200元。另外，上海与云南的对口帮扶始于1996年。至2011年，上海市累计投入无偿帮扶资金19.59亿元，实施了新农村建设、产业发展、特困群体帮扶、劳动力转移培训、教育卫生帮扶合作等一大批重点项目，迄今共帮助云南省40多万贫困人口实现脱贫。对口帮扶的优势在于，可利用相对发达地区的较大规模的资金和其他资源，在较短的时间内使扶持的村在基础和社会服务设施、生产和生活条件以及产业发展等方面有较大的改善，并使各类项目间能相互配合以发挥更大的综合效益，从而使贫困人口在整体上摆脱贫困，同时提高贫困地区与贫困人口的综合生产能力和抵御风险的能力。对口帮扶模式的主要问题在于，参与对口帮扶的机构缺乏及时、准确和低成本传递信息和交流经验的渠道，在扶贫实践中形成的经验很难快速、有效地传播出去，创新和经验的作用受到限制；现阶段的帮扶形式还不够全面，未来需要全方位的帮扶合作。因此，对口帮扶可从单一的进村入户、解决温饱向整乡规划、整村推进全面发展，向社会事业全方位延伸，向企业间合作不断推进，积极探索对口帮扶合作的新模式、新办法。

这种以政府行政推动为主的扶贫开发机制，充分发挥了政府强大的资源配置能力和制度推广能力等优势。但是面对当前的贫困问题和扶贫形势，却显露出本质上的弊端：政府资金供给能力不能满足农村的扶贫需求，存在资金缺口；多部门多层级的机构设置和部门利益的存在，使得政府反贫困易出现难以协调的矛盾，不仅增加了扶贫运行成本，而且导致了扶贫资源使用分散；依靠垂直的等级式传递系统，缺乏贫困人口参与项目决策和管理的渠道，往往导致扶贫项目偏离贫困人口的需求，扶贫成效不高；政府对扶贫资源管理和监督处于垄断地位，极易导致政府对扶贫资源的挤占、挪用、贪污等行为，造成扶贫效率低下。因此，扶贫工程除了政府强有力的主导外，仍须有其他社会力量的积极参与。

二、以企业为主体的扶贫开发模式

企业是市场经济的主体，对促进社会发展会起到非常重要的作用。企业不仅是以盈利为目的，运用各种生产要素（土地、劳动力、资本、技术和企业家才能等），向市场提供商品或服务，实行自主经营、自负盈亏、独立核算的具有法人资格的社会经济组织；而且作为重要的社会成员，它还承担着社会责任，包括企业的法律责任、企业的经济责任、企业的环境责任和企业的公益责任。企业的法律责任是指企业经营必须守法，这是强制性的；企业的经济责任是企业生存的要求，如果没有盈利，企业就失去了生存的价值；企业的环境责任是指企业在发展时不能破坏环境，注重社会发展的可持续性；企业的公益责任是指企业为了塑造企业公众形象，承担一些非营利公益活动，这一责任与企业的盈利宗旨相关性较弱，对企业而言，企业的选择性和自主性最强。一些成熟的企业作为经济主体，不仅注重自身的盈利目的，而且把公益责任作为企业战略成熟度、内涵竞争力的重要标志。从企业来说，无论是参与扶贫开发，为贫困地区捐款捐物做公益，还是到贫困地区投资兴业求发展，以各种形式助推贫困地区发展，带动贫困人口脱贫增收，这本身就是企业形象的塑造、企业文化的积累、企业发展环境的改善和发展空间的拓展的一种途径。从社会来说，引导和推动企业参与扶贫开发不仅是构建大扶贫格局的重要内容，而且是开发式扶贫的重要途径。

从企业来看，其扶贫模式主要为产业扶贫模式。产业扶贫模式是指推动农业基地与企业产销对接的一种扶贫模式。以市场为导向，以农民增收为目标，紧紧围绕提高农民组织化程度这个中心环节，采取"公司+基地+农户"、"公司+专业合作社+农户"等形式，引导特色种养基地与企业产业链条紧密对接，深入推进农业产业化经营。产业扶贫是促进产业投资收益与贫困地区发展的双赢策略，是在新时期为投资者寻找发展机遇，为贫困者寻找致富道路、为社会寻找均衡安定的全赢政策。2001—2010年十年间云南省共投入财政扶贫贴息资金8.36亿元，引导项目贷款94.41亿元，重点扶持龙头企业251家，带动贫困农户发展种植业、养殖业和加工业；引导到户贷款114.59亿元，帮助约240万户贫困农户发展特色小产业，户均增收1 100多元，到期还款率由过去的86%提高到现在的99.3%。投入专项财政扶贫资金4.57亿元，扶持贫困地区产业发展。在69个县600多个贫困村开展了互助资金试点工作，累计投入财政扶贫资金8 600万元，实现户均增收1 000元以上。例如，金平县引进广州大唐实业公司到勐拉乡进行香蕉产业开发，采用"公司+农户+基地"的发展模式，使香蕉亩产由原来的200~300千克提高到1 000~1 500千克，已带动3 500多户农户实施标准化种植香蕉6 000亩，户均增收400多元。漾濞县立足自然资源优势，着力培植和壮大核桃产业，苍山西镇光明村共有核桃12万多株，人均99株，核桃干果年产量480吨，销售收入674万元，人均纯收入达5 600元。腾冲县大力推进互助资金试点工作，界头大园子村汤家岭小组互助社35户社员累计借款35万元，购买摩拉奶水牛35头，日产奶约240千克，每天毛收入近千元，每年户均增收7 000元。通过产业扶贫，培育了一批优势特色产业，当地农民增收明显，逐步摆脱了贫困。

产业扶贫模式的优势在于：一是可以加快落后地区发展步伐，缩小区域差距；二是可以巩固扶贫成果；三是可以解决生产发展问题；四是可以加快农业产业结构调整步伐。但产业扶贫过程中也存在一些问题：一是马太效应，即强者愈强、弱者愈弱的现象。在实施产业扶贫的过程中，有一定经济基础和实力的人更容易接受产业扶贫政策，且实施效果比较明显，而那些既没有经济基础也没有发展意识的人大多不愿意主动接受，这就会造成"马太效应"，从而背离扶贫工作的根本宗旨。二是部分企业背离扶贫宗旨，将扶贫作为利益攫取之路。在"公司+基地+农户"或"公司+专业合作社+农户"的合作形式中，农户处于产业链的末端，属于相对弱势群体，公司未尽利益共享之承诺，而是攫取了产业链中绝大部分的利益，农户仅仅获得较少的收益，这与产业扶贫的初衷相违背。三是草率行事，致使扶贫越扶越贫。由于对扶贫产业缺乏深入的调查研究，草率进行产业投入，可能由于资金配套不足，或科技支撑不够，或产品市场缺乏等原因，使得产业扶贫失败，前期投入未能产生收益，容易出现越扶越贫的现象。这些问题在产业扶贫中始终存在，需要在以后的扶贫工作中进一步解决。

企业扶贫在社会扶贫里面扮演非常重要的角色。企业不仅投入了大量的资金，而且通过杠杆的方式给贫困地区输送大量的人才，带去很多先进的理念。在实施过程中也有很多企业结合自己企业的优势，把很多项目带到贫困地区，让贫困地区融入到整个经济发展过程中去。企业的贡献不仅仅是直接的定点扶贫，还包括社会组织互助等，其背后都有企业的影子。中国扶贫基金会作为社会组织，对贫困地区的一些援助很多支持都是来自于企业的支持。社会组织扶贫后面也有好多企业的影子，社会公众对贫困地区的援助，实际上很多都是企业的员工以个人的方式来参与的，所以企业在社会扶贫中的作用非常大。例如，2007年在国务院扶贫办、全国工商联和中国光彩促进会的具体指导下，云南省扶贫办与省工商联密切配合，精心组织，截至2009年12月，云南省民营企业共捐赠资金13.88亿元；捐物折款2.85亿元。民营企业已经与自然村开展"结对帮扶"实施了1 243个项目，投入资金7.05亿元，主要用于社会主义新农村建设项目。通过投资建设，使贫困农民实现了稳定增收，企业实现了盈利，村企共建工作成效明显，提前完成了云南省委、省政府提出的"千企扶千村"工程的任务。

扶贫是一个综合的问题，需要各个社会主体用各种方式来参与。企业拥有很多资源，包括资金、人才以及项目等，可以给贫困地区提供很多机会，企业在社会扶贫中将会发挥越来越大的作用。

三、以非政府组织为主体的扶贫开发模式

(一) 非政府组织在扶贫中的作用

非政府组织是社会发展的产物，是社会治理主体之一。从宽泛的理论层面上讲，一切既不属于社会公共部门又不属于以营利为目的的社会组织，都可称为非政府组织。在新时期的反贫困任务的艰巨程度日渐提高的同时，"市场失灵"和"政府失灵"却在扶贫中日益凸现，因此，我国迫切需要开拓"反贫困"新思路和新机制。而根据国外多年的实践证明，政府与非政府组织合作是一条"反贫困"的新路。

在我国，非政府组织是一支重要的扶贫力量。20世纪80年代初，随着中国的改革开放，部分扶贫类国际非政府组织开始进入中国，并在云南等地开展项目。目前，大约有数千家大大小小的国际非政府组织在中国开展活动。这些国际非政府组织在中国设立办事处或者有固定的办公场所，有较熟悉的长期合作伙伴，有具有连续性的运作项目。

中国开展扶贫项目的国际非政府组织中比较有影响的包括世界宣明会、英

国救助儿童会、福特基金会、爱德基金会等组织。这些组织不仅给当地带去资金和技术，更重要的是观念、知识，以及解决贫困和各种社会问题的思路。非政府组织以其自身独特的组织特点，在扶贫过程中越来越发挥着不可替代的作用：一是使资源得到了充分利用。非政府组织依靠市场机制，以自愿捐赠为原则，将政府无法动员的资源引入扶贫领域，既包括从我国本土募集的资源，也包括来自海外的资源；既包括资金、人才等有形资源，也包括专业知识、技能、先进文化和组织管理制度等无形资源，在一定程度上弥补了政府扶贫财力的不足，减轻了政府负担的同时，也在一定程度上带来了社会资源的再分配，促进资源向贫困地区转移。二是提高了扶贫的效率。非政府组织具有扶贫的组织理念、项目实施的灵活性和多样性等特征，资金使用效率和扶贫命中率都远远高于政府。三是由于非政府组织注重贫困人口的项目参与和能力培养，从而调动了他们脱贫的积极性，保证了项目的长期实施，脱贫成效显著。

（二）非政府组织的参与式项目扶贫模式

参与式项目扶贫模式是指非政府组织采取基于由组织协助的、贫困人口为参与主体的、自下而上的民主型的一种扶贫模式。扶贫工作以项目为中心的组织结构，使各部门既分工明确又相互沟通协调，促进扶贫的专业化和规范化。非政府组织扶贫项目的选择和决策则体现出组织自身、政府、专家和贫困人口等多方互动的模式，但着重强调贫困人口的意愿和实际需要。这种帮扶形式是利用座谈会、家庭访问、村民大会等形式调查农户的具体困难以及对项目的需求，并给予农户中的弱势群体（如妇女、最贫困者等）充分表达意愿的机会，然后经过专家和当地政府分析后，选择基本得到农户认可的项目来实施。例如，英国救助儿童会在云南开展的项目主要是提高边远地区少数民族贫困儿童所受教育的质量。在创建儿童友好学校的总体目标下，该项目包括：为学校创收活动提供资金和技术支持、为项目学校的教师和各级教育部门的工作人员提供教师培训以提高教学质量和研究等。世界宣明会与永胜县政府于1999年开始共同筹建农村发展培训中心。至2001年年底，该培训中心正式开始运作，致力于地方能力的整体提升。培训内容包括儿童发展、项目管理、教育、青少年职能培训等。该培训中心还担负起"农民学校"的职能，以提高当地贫困社区的生产与经济活动的技能，同时成为当地社区与外界交流、获取资讯的窗口；并坚持和当地村民进行各种互动活动，比如坐在一起讨论具体项目的建设意见、存在问题的改进方式等。经培训的村民，已渐渐学会了自己去思考如何脱贫致富，他们不再是默默地接受别人安排好的帮助，而开始自己主动去寻找脱贫的"路子"，有时还会聚在一起商讨对策。

非政府组织也存在着自身的局限性：非政府组织缺乏强大的资源动员能力，借助组织领导个人声望募捐的方式仍较为普遍，没有与市场机制相结合；非政府组织服务对象的特殊性以及组织活动受到捐赠人偏好或组织领导的"家长式作风"的影响，可能忽视了其他群体的需求，对象存在"狭隘性"；非政府组织强调"利他主义"，往往不能提供具有竞争力的工资，因此人力资源匮乏，导致了专业扶贫的"业余性"；非政府组织因力量有限，不具有全局性的影响力，制度推广能力不足等。特别是在我国社会转型时期，非政府组织发展定位还不稳定，存在严重依赖政府的现象，使得它们的扶贫不仅存在上述不足之处，而且多少带有一些政府扶贫的弊端。

四、小结

政府、企业和非政府组织在扶贫领域各有所长，也各有所短，并且政府扶贫的优势恰恰是企业、非政府组织的缺陷，而企业、非政府组织的长处也恰恰是政府的不足之处。政府、企业和非政府组织在扶贫中可以基于这种"互补关系"，依据各自的比较优势进行分工合作，实现政府机制、市场机制和社会机制的有机结合，推动我国反贫困治理结构的建立，将有利于从根本上缓解和消除我国农村贫困，完成我国扶贫攻坚的历史任务。

第二节　不同手段的扶贫开发模式

一、科技扶贫

(一) 科技扶贫的意义

科技扶贫是国家科委于1986年提出并组织实施的一项在农村进行的重要的反贫困战略举措，是我国政府开发扶贫战略的重要组成部分。其宗旨是应用先进适用的科学技术改变贫困地区封闭的小农经济模式，提高农民的科学文化素质，提高其资源开发水平和劳动生产率，促进商品经济发展，加快农民脱贫致富的步伐。

科技扶贫是针对贫困地区生产技术落后和技术人才极度缺乏的现实状况提出的。一是强调自我发展。以市场为导向，以科技为先导，引导贫困地区合理开发资源，将资源优势转化为经济优势，同时努力提高贫困农民参与市场竞争的能力，实现自我发展的良性循环。二是注重引进先进、成熟和适用的技术。农业技术具有强烈的地域性和适应性，科技扶贫在向贫困地区引进技术时，必须是同行业最先进的成熟技术，而且要适合贫困地区的实际情况。三是注重将治穷与治愚相结合。科技扶贫通过农业、科研和教育三结合等形式，一方面向贫困地区输入科技和管理人才、建立健全科技示范网络、组织开展各种类型的培训；另一方面建立全国农村科普网络，大力开展科普宣传，弘扬科学精神，提高农民素质。

科技扶贫是由单纯救济式扶贫向依靠科学技术开发式扶贫转变的一个重要标志。

（二）云南科技扶贫的状况

云南省历来注重科技扶贫的力度。云南省政府通过加强贫困地区乡村农业科技机构和队伍建设，健全农业科技推广服务体系，扩大农业专家系统项目建设规模和农业增产技术措施的推广；积极推进"农业科技扶贫工程"和"科技扶贫示范村"建设，发展一批有规模的科技示范商品基地和科技示范村，培养一批科技示范户；抓好贫困地区干部群众的农业适用技术培训和扫除青年文盲工作，发挥科技在扶贫中的作用。

"十一五"期间，云南省启动了水稻、玉米、生猪等 8 个农产品省级现代农业产业技术体系建设，农业科技成果推广应用成效显著，农业可持续发展能力增强。大力开展高产创建、中低产田改造、节水喷滴灌等农业基础设施建设，全省科技创新能力稳步提升，建成一批重点实验室，新选育审定农作物新品种 280 个，24 个畜禽品种通过国家认定。启动了农技推广示范县 30 个，建立了 300 个试验示范基地、800 亩农作物高产示范样板，培育了 4.2 万个农业科技示范户；推广了 150 个主导品种和 120 项主推技术；新型农民培训工程培训农民 22.6 万人，辐射带动农户 226 万户。水稻良种覆盖率达 83%，生猪良种覆盖率达 86%。据统计，全省农业科技贡献率已达 49%。这些农业科技推广、农业基础设施建设、示范县、示范基地、示范样板、示范户和培训农民有很大一部分是针对贫困地区进行的。

除此之外，科技扶贫还体现在一些项目开发、定点帮扶和对口帮扶方面。

近年来，联合国开发计划署在华宁县柑橘基地扶贫项目中，应用新技术、新品种分别建立了柑橘早熟集成创新技术示范基地、盘溪镇小龙潭村柑橘创业示范基地、华溪镇独家村湾子基地、华溪镇农业新品种与新技术推广示范基地和新农村建设示范村，并应用了柑橘近地面微喷技术。当地居民依靠科技，发展柑橘产业，辐射带动周边群众发展农村经济，增加农民收入。

2011年7月18日，云南省科技厅启动了云南省科技厅重大科技扶贫项目——昆明华曦牧业集团平远镇养殖基地。该项目是昆明华曦牧业集团与地方政府合作，将以文山州砚山县平远镇和富宁县老寨村为重点，共同建设50万只蛋鸡标准化养殖示范基地，推广健康养殖生产技术，进一步探索政府推动、企业带动的农村造血式产业异地扶贫新模式。

1986—2009年，云南省级机关、企事业单位定点挂钩扶贫在挂钩点陆续引进技术7 762项；举办培训班8 181期，共培训69万人次。帮助解决了农村科技应用和普及的难题。

1996—2010年，上海市科委向对口支援的云南红河、文山、普洱（思茅）、迪庆等地区，通过实施援助项目、建设科技中心、开展智力援助等工作，多层次、多渠道开展科技对口帮扶工作。在云南红河、文山、普洱、迪庆、重庆万州建立了上海科技中心，在阿克苏、日喀则建设了上海科技活动中心。这些中心增强了当地科技部门的实力，成为当地科技成果转移、企业孵化、技术培训的基地。在智力帮扶方面，除派出援疆干部以外，一方面依托已经建成的上海科技中心，在当地开展科技培训和适用技术的培训；另一方面邀请受援地区科技管理干部到上海进行培训，帮助提高当地科技管理水平。上海市科委根据受援地的需求，结合上海的优势，在对口支援地区实施对口支援项目130多项。这些项目提高了当地的技术水平，促进了当地经济和社会的发展。

云南科技扶贫越来越多的贯穿于整村推进、整乡推进、定点对口、产业项目扶贫以及农业科技成果推广应用过程中。通过新品种的推广、新技术的引进，对农民的科技、管理知识的培训，达到促进农民增收、脱贫致富的作用。

二、教育扶贫

（一）教育扶贫模式及方式

从贫困的产生来看，人力资源的低质量是根本原因，并因此造成恶性循环。在宏观层次上，一个国家低质量的人力资源导致较低的人均国民收入；在微观层次上，贫困人口因综合素质较低，在经济机会竞争中必然处于劣势，从而加剧个体的贫困。贫困反过来又阻碍了贫困人口综合素质的提高和福利水平的改善。可见，贫困人口综合素质较低既是贫困的原因又是贫困的结果，在贫困和较低的人口素质之间便形成一种恶性循环。因此，教育是对贫困人口进行素质改造的最主要途径，治贫先治愚，扶贫先扶教，教育扶贫，是我国整个扶贫开发的一个重要方面，是扶贫助困的治本之策。

教育扶贫就是通过在农村普及教育，使农民有机会得到他们所需的教育，通过提高思想道德意识和掌握先进的科技文化知识来实现征服自然界、改造并保护自然界的目的，同时以较高的质量生存。

我国学者林乘东认为，教育具有反贫困的功能，可以切断贫困的恶性循环链；应该把教育纳入扶贫的资源配置中，实现教育投资的多元化，使公共教育资源向贫困地区倾斜。集美大学的严万跃认为，现代社会的贫困问题都是知识与能力贫困的表征和结果，发挥教育的扶贫功能不仅能增强贫困人口脱贫致富的能力，还可以带来巨大的社会效益。

教育扶贫的形式主要包括五类：①剩余劳动力转移培训与就业扶贫；②为国家扶贫重点县建立现代远程教学站；③实施教育扶贫工程；④设立教育扶贫基金，为贫困学生提供必要而稳定的经济保障；⑤捐款捐物。

（二）云南的教育扶贫

云南是一个多民族的边疆省份，由于自然、历史等原因，云南省贫困地区教育发展水平低，教育普及面小，劳动者文化素质不高，长期制约着这些地区经济社会的发展。云南省委提出的"科技兴滇，教育为本"和"科教兴滇"的战略，治穷先治愚，探索依靠科技进步和提高劳动者素质发展经济的路子，把优先发展教育落到实处，大力开展教育扶贫，使这些地区的基础教育得到长足发展。下面介绍几种扶贫方式：

1. 剩余劳动力转移培训业扶贫

在现代社会，不管从事何种劳动，都要求劳动者有一定的知识、技能和健康的身体素质。让贫困人群得到必要的生存条件，受到必要的教育，具有一定文化水平，获得必要的知识和技能。加强农村劳动力素质培训，提高农民的就业技能和整体素质，是实现农村劳动力转移的根本保证，也是解决"三农"问题的核心之一，更是增加农民收入的主要途径之一。农村劳动力转移培训是指对需要转移到非农产业就业的农村富余劳动力开展培训，以提高农民的素质和技能，加快农村劳动力转移就业。培训包括职业技能培训和引导性培训，以职业技能培训为主。

云南省贫困地区认定了90个省级和1个国家级劳动力转移培训示范基地，10年共投入财政扶贫资金4.69亿元，转移培训贫困地区劳动力201.69万人，其中技能培训28.4万人，拓宽了贫困群众的就业渠道。例如，昭通市在建立健全市、县、乡三级工作机构的基础上，依托驻外办事机构和外出务工人员同乡会，在外出务工人员较为集中的地区建立了60多个农民工服务联络点，提高了农民工就业的稳定性。常年在珠三角、长三角的昭通籍务工人员达到30.98万人，占全省省外务工总人数的25.8%。通过转移就业培训，提高了贫困人口的素质和技能，增加了贫困地区人口外出务工的机会，有效地提高了贫困家庭的收入。

现阶段，劳动力转移培训也存在一些问题。一是培训时间过短。一般培训时间为几天至几周不等，这样的培训只适合劳动技能含量低的工种，不利于收入附加值的提升。二是培训质量难以保证。由于参加培训的人员其本身素质较低，对于培训内容的接受能力也相对较弱，短期培训可能使得培训参与人接受困难，从而难以达到预期目的。三是培训内容有待扩充。专业技能只能在一定程度上解决农民转移就业的问题，但是要想让农民真正适应、融入城市生活、促进城乡一体化，仅有技能是远远不够的。认知改造、心理疏导和法制教育等都应该纳入到培训的议程中来。

2. 建立现代远程教学站

远程教学站是指利用现代信息技术，使用电视及互联网等传播媒体的教学模式。这种教学方式有很多优点，如可以利用教育资源让更多的人受教育，可以让西部贫困落后山区共享东部或城市的教育资源等。

2005年，云南省政府投资1.7亿元，在曲靖、大理、红河、思茅、保山、丽江等州市，新建635间计算机教室、3 760个卫星教学收视点和4 800个教学光盘播放点，将这个省的农村中小学现代远程教育覆盖面提高到了52%。

2003年9月12日，清华大学教育扶贫远程教学站开通。清华大学以"教育服务社会"为理念，以"传播知识、消除贫困"为宗旨，实施教育扶贫工作，利用现代信息技术为国家扶贫开发工作重点县建立清华大学教育扶贫现代远程教学站，将教育和培训资源无偿输送到贫困地区。清华大学先后在云南的香格里拉、宁耳、双柏、盐津、迪庆、大理等市县建立了远程教育扶贫现代远程教学站。

3. 实施教育扶贫工程

教育扶贫工程是指为了贯彻落实中央扶贫开发工作会议精神和《中国农村扶贫开发纲要（2011—2020年）》、《国家中长期教育改革和发展规划纲要（2010-2020年）》，充分发挥教育在扶贫开发中的重要作用，对集中连片特困地区涉及的680个县实施的一项重大民生工程。该工程旨在通过加强基础教育、完善职业教育和培训网络、促进高等教育特色发展、提高学生资助水平等举措，让连片特困地区的青少年普遍接受现代文明教育，劳动者人人掌握职业技能，成为服务国家产业结构调整和当地经济社会发展的专门人才和产业大军,提高劳动者素质,通过人力资源开发,使连片特困地区人民群众脱贫致富。

云南禄劝县于2011年年底启动创建云南省教育扶贫示范县,通过实施学校布局调整工程、学校基础设施完善工程、寄宿制学校学生生活改善工程、教育教学设备充实工程、教育信息化建设工程、教师队伍建设工程、学生安全保障工程、学校教育质量提升工程、民族教育发展工程九大教育扶贫工程,加大县级财政投入,每年预算一定经费实施教育扶贫示范县各项工作,切实加强学校基础设施建设,改善办学条件;积极引进教育人才,培养优质教育资源,力争用五年时间,使全县教育事业总体发展水平明显提高,达到全市中上水平,形成具有禄劝特色的民族地区教育扶贫可持续发展之路。

2013年教育部全面推进联系滇西边境片区工作,组建了云南大学滇西发展研究中心作为教育扶贫政策研究平台,组织东部10个职教集团与滇西10个市进行战略合作并对口支援职业学校,组织实施了爱心幼儿园援建工程,设计开发了资源与信息网络平台"滇西开发网",设立了滇西教育发展专项基金,向滇西11个县捐赠1 100万元用于购置学生食堂设备。此外,还积极动员清华大学等16所直属高校到滇西定点扶贫。

4. 设立教育扶贫基金

设立教育扶贫基金是为了筹集更多的社会闲散资金,更好地投入到贫困地区的教育事业中,通过建立希望工程小学、资助贫困学生、鼓励支教贫困地区、提供贫困地区教师对外交流等方式促进贫困地区教育水平的提高和教育事业的发展。通过设立教育扶贫基金也有助于教育扶贫资金社会筹集的持续性。在云南教育厅的支持和企业家的共同努力下,云南各地也相继成立了自己的教育基金会。

云南教育基金会的前身为云南省中小学幼儿教师奖励基金会,于1988年7月14日成立。云南教育基金会以"扶贫支教、帮困助学、奖励优秀教师、弘扬尊师重教社会风尚、促进云南省教育的均衡发展"为宗旨,至2013年,先后实施了兴边富民"解读书难"工程、兴边富民支教助学工程、扶持7个人口较少民族教育发展工程、建设"一堂四室一所一场"工程(爱心食堂、图书室、阅览室、电脑室、沐浴室、卫生厕所、勤工俭学种养殖场等)、国门学校关爱工程、教师关爱工程(优秀教师评选奖励活动、"园丁之家"活动、教师疗休养活动)、助孤、助残、助贫学子圆梦工程、组织特级教师赴边疆支教讲学工程等,资助边疆民族贫困地区建盖了爱心食堂、图书阅览室、中小学卫生厕所、勤工助学养殖种植场等53个;表彰奖励了大批优秀教师和教育工作者；配合省教育厅、人事厅等政府职能部门，选拔推荐了 3 100 多名优秀教师获得全国的表彰奖励；举办了 15 届优秀教师"园丁之家"活动，让 6 580 多名在农村、山区、民族贫困地区长期执教的优秀教师，赴教育发达省（区）学习先进的教育理念、教学经验；组织了 14 届中小学特级教师讲学团赴边疆民族贫困地区开展扶贫支教活动，培训教师达 171 896 人；近年来，每年资助孤儿、残儿和贫困中学生 1 001 名及资助贫困大学生 4 500 名完成学业；组织教师暑期疗休养每年 1 000~2 000 名，使长期坚持在边境一线教书育人的教师得到关爱，放松身心。上述多个品牌项目的实施，为弘扬全省尊师重教的社会风尚，提高民族贫困地区教师教学水平，促进云南省教育的均衡发展，发挥了积极作用。

云南省俊发教育扶贫基金会由云南俊发房地产有限责任公司倡议发起，于 2007 年 6 月，由云南省教育厅批复，云南省民政厅批准成立。俊发房地产有限责任公司每年向基金会捐资不低于 200 万元，在云南省贫困地区出资建设学校、支持贫困地区教育事业的发展，以求从根本上改变贫困地区的贫困状况。基金会成立至 2009 年，已先后为云南的教育事业捐资近 200 万元、捐物 12.7 万元。其中 108 万元及 12.7 万元的物资用于东川红土地镇希望小学的建设，90 万元用于资助云南省三所高校 300 名贫困大学生完成学业。2011 年 4 月 24 日，云南俊发教育扶贫基金会因为盈江附近的地震灾害，向梁河县勐养中学捐款 600 万元，支援学校基础设施建设和教学设备的购买。2012 年云南俊发教育扶贫基金为昆明倘甸产业园区、轿子山旅游开发区捐赠 200 万元，用于改善辖区内转龙中学、凤合中学及金源中学现有的教学基础设施，全面支持"两区"教育事业。

云南教育扶贫基金为云南贫困地区的教育事业的改善和提升取得了较好的扶贫效果和社会效益。但云南教育扶贫基金的设立数量还比较有限，社会参与度和认知度都有待提高，需要更多企业、实体和社会人加入才能使之发展和运作得更好和更有成效。就此而言，云南教育扶贫基金的发展仍有很大的空间。

5. 捐款捐物形式

除了上述的教育扶贫方式，还有些企业或个人以捐款捐物的形式一次性直接捐助贫困地区的教育单位和贫困学生，以帮助这些地区改善教学环境、条件和质量，帮助困难学生完成学业，这种方式是其他教育扶贫方式的有效补充。

云南省地税系统不断开展以援建电教室为主的扶贫工作。截至 2013 年 3 月底，全省地税系统已在 16 个州市建设了 108 个电教室，投入资金、设备近 2 000 万元。另外，还购买了投影仪、电视机、交换机、桌椅等，总价值逾

800万元。教育扶贫共投入近2 800万元，惠及贫困地区的中小学生。

2008年11月，日本住友商事株式会社社长加藤进向云南省金平和麻栗坡两县提供教育扶贫援助基金。2008—2012年的5年间，加藤进每年通过中国外交部向上述两县捐扶贫款1 000万日元（共计5 000万日元）。并设立了住友商事中国学生助学基金，以帮助上述两县贫困学生完成高中学业。

2010年上海的郑德明先生出资20万元，组织澜沧一中的20名师生走出大山，来到上海，共享世博盛会。2011年，他又拿出20万元，邀请了25名乡村教师到上海参加"爱飞翔乡村教师培训"项目。

企业和社会爱心认识对贫困山区教育事业的捐款捐物，对贫困山区教育的改善和提高也起到了一定的积极作用。

三、资金（信贷）扶贫

贫困人口除了需要靠自己的劳动和努力获得财富脱贫致富，还需要科技、教育以及资金。贫困人口由于现有资金只能用于生活需要，其生产和增收的资金必须通过政府提供的扶贫贴息贷款和小额信贷模式完成。

（1）扶贫贴息贷款由农业银行发放和管理。每年的扶贫贴息贷款计划由国务院扶贫办商财政部和农业银行确定，层层下达到各地。到户贷款的贷款对象为建档立卡的贫困农户，主要用于扶持其发展生产。项目贷款集中用于国家扶贫开发工作重点县和贫困村，重点支持对解决贫困户温饱、增加收入有带动和扶持作用的农业产业化龙头企业。2005—2009年，云南省累计发放扶贫贴息贷款101.8亿元，安排贴息资金45 545万元。其中，累计发放扶贫项目贴息贷款26.8亿元、占扶贫贴息贷款总量的26.3%，安排扶贫贴息资金8 040万元、占扶贫贴息资金总额的17.7%；累计发放扶贫到户贷款75亿元、占全省扶贫贴息贷款总量的73.7%，安排贴息资金37 505万元、占全省扶贫贴息资金总额的82.3%。以云南会泽县为例，从1998年起，农行会泽支行启动了小额信贷扶贫贴息贷款试点，承担全县小额扶贫贴息贷款的发放工作。截至2011年9月底，农行会泽支行通过乡镇小额贷款工作站，累计发放小额扶贫到户贷款41 200多万元，小额扶贫到户贷款惠及会泽10万余户农户、40余万人。

政府的扶贫贴息贷款既解决了贫困农户抵押担保难、贷款难的问题，还给予贫困农户贴息扶持，极大地调动了贫困农户发展生产、脱贫致富的积极性；通过信贷扶贫项目扶持，使自身的劳动和经营能力得到有效开发和充分利用，极大地提升了自身的综合素质，从根本上转变了"等、靠、要"的思想，进一步增强了贫困农户的信用意识、市场意识和经济意识。扶贫贴息贷款现阶段的执行也存在着规定的贴息期短、额度小、贴息标准太低和扶助力度不够等问题。贴息期一般为一年，额度为每户2万元以下，贴息资金是每1万元贷款一年贴息500元。目前农户贷款利率一般超过10%，贷款贴息后农户仍然要付出超过5%的利息，和其他银行的商业贷款不贴息的利率相差不多，贴息贷款的优越性不能彰显。

（2）小额信贷一般指的是通过向贫困人口提供金融服务（主要是信贷、储蓄服务，也包括保险、支付服务等）和社会服务等，借以帮助贫困者增加收入、摆脱贫困的活动。农户小额贷款方式是政府扶贫贴息贷款模式的有效补充。中国农户小额贷款方式多种多样，主要有四种类型：一是由农村信用社发放的农户小额信用贷款，即直接依据农户信用情况发放的贷款。二是农户联保贷款，即指3~5户农户自愿组成相互担保的联保小组，农村信用社向小组成员发放的贷款。农户小额信用贷款和联保贷款是中国农户小额贷款最重要的组成部分。三是其他新型农村金融机构如村镇银行、小额信贷组织等发放的农户小额贷款。数据显示，2008年12月云南省设立了10家小额信贷公司为首批试点，截至2010年6月末，全省小额信贷公司已增至181家，覆盖范围从3个州（市）、7个县（区）扩大到全省16个州（市）、75个县（市、区）。四是由邮政储蓄银行开展的存单小额质押贷款。中国邮政储蓄银行有2/3以上的网点分布在县及县以下的农村地区。小额信贷模式是政府贴息贷款方式的一种有效补充，通过小额信贷的发放农民贷款担保难的问题得到了有效缓解，农户贷款面大幅度提高，有效地解决了农民贷款难的问题。但小额贷款模式仍有很多问题亟待解决，如扶贫与持续经营的问题、风险保障机制的完善问题、信用环境缺失问题等。

第三节　特殊地区的扶贫开发模式

一、乡村旅游扶贫模式

乡村旅游模式是指旅游者以乡村空间环境为依托，以乡村独特的自然风光和人文特色（生产形态、生活方式、民俗风情和乡村文化等）为对象，观光、度假、娱乐或购物的一种旅游形式。20世纪90年代中后期开始，在生态旅游观念的推动和脱贫致富政策的促进下，中国的一些都市区域的旅游市场开始导入乡村旅游模式,并很快形成超速发展的态势。乡村旅游对于繁荣乡村经济、促进就业、增加农民收入、脱贫致富等方面具有积极的意义。

地处我国西南地区的云南历来以山美、水美著称,丰富的历史民族文化形成了云南独特的旅游资源。著名的旅游胜地有丽江、大理、西双版纳和德宏等地方。云南还有很多边远贫困地区,由于交通不便、经济不发达,当地仍保持着完好的原生态环境,并过着相对慢节奏的生活,而这正是现代社会发达地区饱受风沙、废气、废水、噪声和压力困扰的城市人所向往追求的地方和生活方式,这些将成为吸引城市人驻足的因素。云南的乡村旅游开发比较成功的有丽江玉龙县和大理双廊村等。以玉龙县拉市海乡为例,拉市海是云南省第一个省级高原湿地保护区,四面环山,风景优美。作为金沙江水系的重要组成部分,它以其独特的地理位置、气候条件、生态环境养育了众多的动植物。据调查,每年有60多种越冬水鸟在这里栖息,国家一级、二级保护鸟类有23种。植物分布有沼生、挺水、浮水、沉水四类,保留了我国濒危植物海菜花及其海菜花种群。拉市海在开办乡村旅游之前,农民年人均收入仅有500元左右,在自愿组建旅游经营合作社后,改变了原来个人的小打小闹和分散经营的模式,旅游无序、接待无序、管理无序的现象得到纠正。游客对合作社比对个人零星经营有信任度,愿意前来消费,于是旅游收入大幅增加,每天都有数万元进入农民的账户中,该乡再也没有了贫困户,实现了全村集体脱贫。大理双廊村位于洱海北部,凭借苍山洱海等自然景观和千年古渔village文化、白族风情民俗等文化资源,以杨丽萍、赵青等名人效应带动,双廊乡村旅游从2010年以后出现了"井喷"发展现象,大量从"北上广"游离至此的旅客成为双廊的新移民,他们通过租地、租民居经营客栈餐馆。在这些外来租户的带动下,双廊村民开设的"农家乐"、"渔家乐"如雨后春笋般涌现,以散客为主的外地游客数量迅速增加。双廊乡村旅游具有以下特点:一是在市场作用下,由市场需求拉动,外来投资者进入双廊进行旅游开发和经营,形成了市场推动型乡村旅游发展模式;二是新农村建设的推进加大了公共投入,打通了双廊与外界旅游市场的联系,为外来投资创造了良好的投资环境;三是双廊村民积极参与乡村旅游发展,并成立协会等自治组织实现自我管理,获得了良好的收益。

除此之外,云南还有很多有特色和发展潜力的乡村旅游资源,如文山的坝美、怒江的哀牢山等。但云南很多地方的乡村旅游模式的发展由于受限于交通不便、基础设施建设滞后,以至于良好的旅游资源未能得到充分的开发,当地贫困居民未能从中获益。随着政府基础建设的更多资金投入,各贫困地区基础设施加速建设,交通生活条件的不断改善,将有望依托当地的旅游特色资源发展乡村旅游业，使得当地农民脱贫致富。

二、生态建设扶贫

云南省的贫困人口主要分布在生态环境恶劣、自然资源匮乏的偏远地区，这就使得云南省的扶贫开发与生态建设任务存在高度重叠。生态建设扶贫是指从改变贫困地区的生态环境入手，加强基础设施建设，从而改变贫困地区的生产、生活环境，使贫困地区实现可持续发展的一种扶贫方式。

自2002年以来，云南省生态产业化及产业生态化建设取得了令人瞩目的成就，实施了"森林云南"建设、生物多样性保护、中低产林改造、退耕还林等一系列生态建设工程。通过开展植树造林，让良好的生态环境成为云南经济社会可持续发展的坚实基础，让生态产业化与产业生态化成为广大群众脱贫致富的一条行之有效的发展途径。云南在"十五"、"十一五"期间结合"七彩云南"保护行动、天然林保护、退耕还林还草等生态环境保护工程，着力改善贫困地区生态环境，共新建节能灶42.9万口，新建沼气池74万口，新建太阳能设施45.9万套，种植生态林17.9万亩。以云南文山西畴县为例，该县的岩溶山区面积占全县国土面积75.4%，生态脆弱，山多土少、石多水少、人多地少。通过鼓励农民人工造地和"坡改梯"，并引导其改进生产方式，改良作物品种，发展林果、香料等经济作物，使土地和良田数量得到增加，单位农田产值也大幅度提高。在岩溶地区，地面径流少，严重制约人和土地用水。通过造池修塘，"蓄""用"并举，利用好现有水资源，改善农田灌溉条件。全县新增灌溉面积3.09万亩，恢复和改善灌溉面积4.65万亩，解决了7.66万人、1.12万头大牲畜的饮水问题。通过建设沼气池，将改厩与改厕、改灶相结合，新增沼气池8 000口，两年内使沼气池覆盖率从现在的63%提高到80%左右，同时配套解决村内道路硬化和通电等项目，逐步改变贫困农村的面貌。

云南省的乌蒙山区、石漠化地区、滇西边境山区、藏族聚居区四个连片特困地区的经济发展和生态保护的矛盾依然突出。云南省未来将加大生态扶贫的力度，加大贫困地区退耕还林、退牧还草、水土保持、天然林保护等重点生态修复工程建设力度。加强贫困地区石漠化综合治理、干热河谷生态恢复。加快贫困地区可再生能源的开发利用，因地制宜地发展小水电、太阳能、风能、生物质能。加强以农村户用沼气池、畜禽养殖场大中型沼气池为重点的农村能源建设。加强贫困地区生物多样性保护，合理开发利用水土资源，保护生态环境，恢复生态功能，促进贫困地区环境、经济、社会协调发展。力争到2015

年，贫困地区森林覆盖率比 2010 年年底增加 2 个百分点。到 2020 年，森林覆盖率比 2010 年增加 5 个百分点，石漠化得到有效治理，生态安全屏障的作用不断巩固。

三、特殊困难区域扶贫开发模式

特殊困难区域扶贫开发模式是指针对云南省扶贫开发工作的重点和难点地区，通过重点扶持，给予特殊扶贫开发政策，加快地区发展和脱贫的一种模式。云南的特殊困难区域包括 25 个贫困边境县市、迪庆藏族聚居区和 30 个革命老区贫困县。

（1）2005—2007 年，云南省实施了第一轮兴边富民工程。在 25 个边境县，实施了 2 453 个贫困村的整村推进项目和 101 609 户的扶贫安居工程项目，分别投入资金 4.16 亿元和 3.76 亿元，超额完成了《"兴边富民工程"三年行动计划（2005—2007 年）》分解到省扶贫办的建设任务（分解到省扶贫办的建设任务一是实施 1 800 个村整村推进，投入扶贫资金 3.1 亿元；二是实施 101 573 户安居工程，投入扶贫资金 3.6 亿元）。同时，省扶贫办在产业扶持、劳动力培训转移、易地搬迁、信贷贴息等各类扶贫开发项目的安排上，尽最大努力向边境地区倾斜。极大地改善了边境贫困群众的生产、生活条件，促进了边境贫困地区的经济社会发展。25 个边境县贫困人口由 2004 年年底的 166.47 万人下降到 2007 年年底的 125.44 万人，贫困人口比重由 33.3% 下降到 24.7%。2008 年云南省委、省政府出台了《关于实施新三年"兴边富民工程"的决定》和《云南省"兴边富民工程"新三年行动计划（2008—2010 年）》，启动实施新一轮兴边富民工程。按照云南省委、省政府关于新三年兴边富民工程的安排部署，省扶贫办计划三年（2008—2010 年）安排财政扶贫资金 4.3 亿元，在边境 25 个县的沿边乡镇实施 2 864 个贫困自然村整村推进。通过整村推进、安居工程、易地搬迁、产业扶持、信贷贴息、连片开发试点等扶贫开发项目的实施，加快了边境贫困群众脱贫致富的步伐。通过各类扶贫项目的实施，进一步促进了边境贫困地区经济社会发展。2005 年以来，兴边富民工程扶贫开发共投入 17.28 亿元，项目覆盖 8 个州市 25 个县，4 548 个贫困自然村直接受益，受益群众达 18.2 万户、76.4 万人。通过各类扶贫项目的实施，边境贫困地区总体贫困程度得到有效缓解，贫困人口数量明显减少；贫困村脱贫产业得到有效培植，村容村貌有了较大改善；贫困群众自我发展能力得到有效增强，综合素质得到较大提高。

(2) 迪庆藏族聚居区扶贫开发为巩固云南藏族聚居区社会稳定、民族团结、宗教和谐大好局面发挥了重要作用。中央召开第五次西藏工作座谈会议后，云南省委、省政府高度重视，对贯彻落实中央西藏工作座谈会精神作了全面部署。2001—2009 年，迪庆藏族聚居区累计投入中央、省级财政扶贫资金 3.27 亿元，上海帮扶资金 1.79 亿元，其他社会帮扶资金 2 010 万元。切实落实了整村推进、产业扶贫、劳动力转移培训、安居工程、易地扶贫、社会扶贫、信贷扶贫等扶贫措施，贫困人口由 2001 年的 19.1 万人下降到 2009 年的 9.74 万人，减少了 9.36 万人。建立和完善农村居民最低生活保障制度，进一步增强农民增收能力。

(3) 革命老区扶贫开发是贯彻落实科学发展观和中央关于加快革命老区开发建设的一系列指示精神，抓住机遇，打好革命老区开发建设攻坚战的一种扶贫模式。为尽快改变革命老区贫困落后面貌，云南省委、省政府在 2007 年召开了全省老区开发建设工作会议，出台了《关于加快云南省革命老区开发建设的意见》，并编制了《云南省革命老区开发建设发展规划》。省级有关部门 2008 年投入革命老区开发建设的资金达 79.72 亿元，比 2007 年有较大的增长。2009 年，仅省科技厅、农业厅、电网公司、林业厅、交通厅、广电局等 10 多个相关部门投入资金 107 亿元，比 2008 年增加 34.2%。2009 年投入革命老区县（市、区）扶贫开发资金 8.28 亿元，比 2008 年增加了 24.3%，实施了整乡推进、整村推进、易地搬迁、产业扶贫、信贷扶贫、劳动力培训转移等行之有效的扶贫措施。同时，3 年共安排专项资金 4 500 万元，整合资金 2.5 亿元，充分坚持以"三为主、三延伸、三体现"的原则，即坚持以革命老区的核心区和中心区为主、逐步向其他贫困区域延伸，以解决"三老人员"特殊困难为主、向其他贫困农户延伸，以解决安居为主、向其他扶贫项目未能覆盖的项目延伸，重点解决了一批老区三老人员、贫困群众的安居房改造、科技培训、道路建设、村容村貌整治、历史遗址的修缮等的特殊困难和特殊问题。

四、特殊困难群体扶贫开发模式

特殊困难群体扶贫开发模式是指为了贯彻落实中央领导的重要批示精神，以边远少数民族贫困地区的深度贫困群体和部分热点难点地区贫困人口为主要对象，以尽快稳定解决温饱并实现脱贫致富为首要任务，以统筹城乡发展提高自我发展能力为工作重点，以深度贫困自然村为单元，瞄准对象、锁定目标、统一规划、明确责任，集中力量、整体推进，分类施策、分步实施，千方百计加大投入，着力加强基础产业、基础设施、基本素质、基本保障和基本队伍建设，稳定解决深度贫困人口的温饱问题，促进经济社会全面协调可持续发展的一种模式。

云南特殊困难群体的主要特征是：主要居住在自然条件十分恶劣的石山区或边境地区，经济和社会事业发展极为滞后，至今仍处于整体贫困状态。贫困现状集中表现为"四低"、"五难"：耕地占有量低、收入低、生活水平低、人口素质低，饮水难、出行难、住房难、用电难、就医难。为了帮助这些特殊困难群体摆脱深度贫困，在过去十年，云南省积极组织实施《云南省农村扶贫开发纲要（2000—2010年）》和整村推进、劳动力转移培训、产业扶贫"一体两翼"战略，着力加大农村基础设施、社会事业和生态环境建设力度，着力加大边远少数民族贫困地区扶贫开发力度，扎实开展了兴边富民工程、易地开发扶贫、扶贫安居工程、扶持人口较少民族发展、200个边境和民族特困乡综合扶贫开发，广大贫困地区经济发展不断加快，社会事业明显进步，群众生产、生活条件逐步改善。经过近十年的努力，贫困人口从2000年的10 221万人下降到2009年年末的540万人，深度贫困人口从3 375万人下降到160.2万人，基诺族、拉祜族（苦聪人）、布朗族（莽人、克木人）、彝族（僰人）基本实现整体脱贫，为促进边疆稳定、民族团结和社会和谐发挥了重要作用。

云南省通过高位强势推动、统一规划实施、集中力量扶贫攻坚以及发挥贫困群众主体作用，创造了具有云南特点的扶贫开发模式。

第五章　结论与政策建议

本章旨在概述前文对云南省农村扶贫开发模式研究的基础上，提出相应政策建议，为政府有关部门采取相应措施，实施精准扶贫提供对策参考。

第一节　研究结论

云南省当前扶贫开发工作坚持开发式扶贫方针，以边远、少数民族和贫困地区深度贫困群体为重点，以乌蒙山区、石漠化地区、滇西边境山区、革命老区以及藏族聚居区等连片特困地区为主战场，推进专项扶贫、行业扶贫、社会扶贫，打好基础设施改善、产业培育、社会事业发展、生态修复攻坚战，让民族地区和贫困地区的广大群众走上共同富裕的康庄大道。到2015年，全省将实施5万个贫困自然村整村推进、35万贫困人口的扶贫易地搬迁、100万贫困地区劳动力转移培训，实现贫困地区农民人均纯收入增幅高于全省平均水平、贫困人口减少一半、基本消除绝对贫困现象，实现扶贫对象有饭吃、有水喝、有房住、有学上、有医疗、有产业。到2020年，基本解决深度贫困问题，基本解决连片特困地区贫困问题，稳定实现扶贫对象不愁吃、不愁穿，保障其义务教育、基本医疗和住房，贫困自然村村内通硬化道路，户户通电、通广播电视、通电信网络，贫困地区基本公共服务主要领域指标接近全省平均水平，发展差距逐步缩小。云南省的扶贫对象除了规模较大之外，还具有区域上相对集中的特点。乌蒙山区、石漠化地区、滇西边境山区和云南藏族聚居区这4个片区85个县的贫困人口占全省80%以上，深度贫困人口占90%以上，少数民族人口占全省70%以上，尚有2.68万个自然村不通公路、8 679个自然村不通电、165万户住房困难、124万人未解决人畜安全饮用水的问题，自我发展能力弱。

总体上，云南省扶贫开发工作伴随中国农村扶贫开发历经了农村体制改革推动扶贫、大规模开发式扶贫、扶贫攻坚和新世纪扶贫四个阶段。扶贫开发模式主要体现为：财政扶贫模式、以工代赈扶贫模式、产业开发模式、对口帮扶模式、国际项目模式、机关定点模式、生态建设模式、小额信贷模式、移民搬迁模式九类。扶贫开发理念由救济式扶贫到开发式扶贫、由输血式扶贫到造血式扶贫，由分散治理到整村推进，由政府扶贫机构直接选定扶贫项目到项目贫困农户参与项目决策的参与式扶贫，扶贫方式多样，扶贫开发理念更加注重扶贫对象自我发展、自我改变能力的培养与建设。

新一轮扶贫开发工作应全方位展开，把区域发展与产业培育作为重中之重，需要最大限度地调动各方力量、汇集各方资源切实构建云南"大扶贫"工作格局。重点突出整村推进、产业扶贫、易地搬迁、就业促进、以工代赈、兴边富民、革命老区建设、信贷扶贫8项专项扶贫。强化行业扶贫，把特色优势产业、民营经济、生态旅游、基础设施建设、教育文化、公共卫生、社会保障、生态建设等项目向贫困地区倾斜。坚持和完善党政机关、企事业单位和群众团体定点帮扶制度，加强沪滇对口帮扶合作。广泛动员社会力量、民间慈善组织参与到扶贫事业当中。多年的实践证明：只有增强贫困地区的自我发展能力，以区域发展带动扶贫攻坚，才能真正使贫困人口、尤其是深度贫困人口走上致富之路。不同的地区有不同的资源禀赋和生态特点，云南省对4个连片特困地区采取分区施策的办法，科学规划、整合资源，调动各方力量，努力帮助贫困地区形成适合自身的优势产业。打好新一轮扶贫攻坚战，我们要抓住优势产业培育这个核心，整合资金、项目，动员各方力量，扶持贫困地区加快产业发展，让贫困地区的广大群众早日脱贫奔小康。

云南省把连片特困地区作为新阶段扶贫开发的主战场，把编制和实施连片特困地区规划作为新阶段扶贫开发整体布局的核心，继续探索区域发展带动扶贫开发、扶贫开发促进区域发展的新路子。这一思路下的具体举措就是分区施策，通过科学的规划，帮助各地区找到符合实际的突破口，推进产业向优势特色区域集中，积极发展"龙头企业+基地+农户"等多种产业化经营模式，使扶贫由"输血式"向"造血式"转变。例如，乌蒙山区要解决资源承载过重的问题，加大农村富余劳动力转移，努力提高土地综合生产能力；滇西边境地区要突出优势特色产业培育；藏族聚居区要突出生态环境保护和贫困农民生活改善；石漠化地区要突出土地整治，解决缺水少土的瓶颈问题。

第二节 政策建议

综上所述,云南省在农村扶贫工作应因地制宜,无论采用何种扶贫模式都应着眼于云南贫困地区农村村民收入结构调整,实现农民增收致富的目的。具体可以考虑以下影响因素,并提供相应政策支持。

一、影响因素

(一) 家庭经营性收入方面

1. 农业生产条件差

(1) 受自然条件的限制,有效耕地资源少。2010年,云南省坡度在15度以下的陡坡耕地面积为280.81万亩,只占耕地面积的45%,中低产田占耕地总面积的比例高达67.1%,全省粮食亩产不到263千克,远低于全国348千克的水平,耕地质量明显偏低。有近2/3的耕地只能靠天吃饭,平均每年农作物受旱面积占播种面积的30%,有1/4左右的耕地受到洪水威胁,耕地质量明显偏低,如2009年云南夏粮因旱灾减产1/3,耕地有效灌溉面积仅占耕地面积的40%左右,比全国低8个百分点;高稳产农田仅占耕地面积的1/3,比全国少10个百分点。

(2) 受外界条件的影响,耕地面积持续减少。由于工业、交通建设、城市集镇、村庄扩张、开发区占地、农村宅地等原因,耕地占用现象异常严重。2011年云南省耕地总面积为624.04万公顷,人均耕地面积0.1公顷;2000年云南省耕地总面积为426.67万公顷,人均耕地面积0.15公顷。10年的时间耕地总数减少了200万公顷,人均耕地面积减少了50%,每年减少耕地3.3万公顷左右,且多为高产稳定农田和蔬菜地,其规模相当于一个中等县的耕地面积,如果不及时转变建设用地方式,坝区优质耕地将进一步减少。而耕地资源的急剧减少,将直接影响种植业的生产效率,进而制约农民的家庭经营性收入的增长。

2. 农业基础设施薄弱

(1) 农田水利设施建设仍较滞后。全省人均库塘蓄水量仅相当于全国平均水平的一半,农田有效灌溉面积仅占耕地总面积的36%,低于全国平均水平44.43%近10个百分点。2/5以上的农村人口不同程度地存在饮水困难和饮水安全问题。

（2）农田水利设施功能退化。全省有40%以上的水库处于病险状态，平均每年农作物受旱面积占播种面积的30%，有1/4左右的耕地受到洪水威胁。现有农田水利骨干工程标准低、配套差、老化失修，很多地方因自然灾害造成农田水利设施损坏严重，河渠淤塞，堤埂溃烂，工程效益衰减，与提高农业综合生产能力的客观需要不相适应。

（3）水资源的广泛利用与农田灌溉的矛盾日趋加重。农业生态失衡和环境污染已影响了农产品产量和质量的提高。随着资源的开发和少数群众的乱砍滥伐，一些地方森林资源遭到破坏，水资源污染日益加重，生态环境受到严重影响。

3. 农村三大产业比例失衡，产业内部结构不合理

（1）第一产业内部结构不合理

在市场经济的大环境下，农户面临市场信息不准，市场不明，普遍存在盲目性和趋同性。从全省范围来看，大部分地区仍然停留在传统的农业生产模式，调整速度缓慢，致使农业内部结构调整滞后于社会需求结构的变化，农业发展和农民收入增长的势头受到阻碍。如图5-1所示，2010年，全年完成第一产业总产值1 810.53亿元。农、林、牧、渔总产值中，种植业产值为925.58亿元，同比增长8.8%，所占份额虽有小幅波动但仍占到50%以上；近年来林业发展形势良好，份额虽仅占10.17%，但增长率达16.06%；畜牧业产值为588.81亿元，占比为32.52%，增长5.57%；渔业产值为48.06亿元，占比较小，仅为4.75%，增长14.54%；从2003年开始，农、林、牧、渔服务业

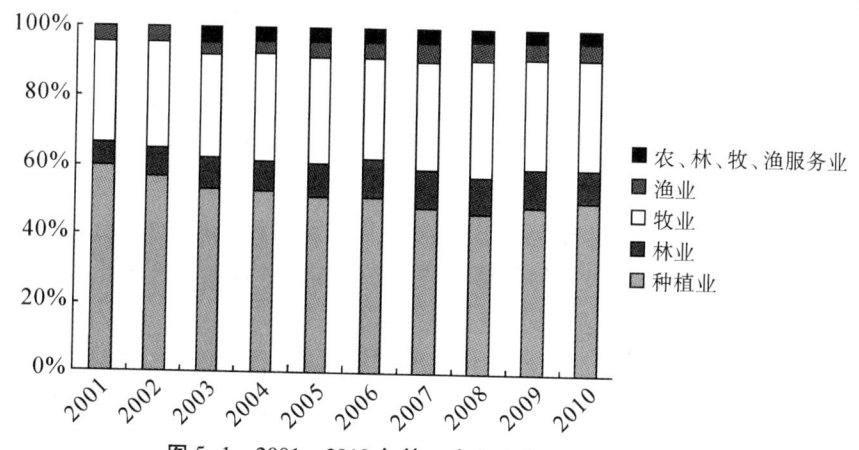

图5-1 2001—2010年第一产业生产总值内部构成

资料来源：《云南统计年鉴》（2001—2010）。

开始计入国家统计数据年鉴，2010年产值为63.58亿元，增长6.52%。从以上数据来看，来源于第一产业的收入，种植业仍是主导力量；近年来林业有了较大的增长，但比例仍然较小；而牧业和渔业则发展缓慢；农、林、牧、渔服务业这一新型的产业模式也仅处于发展的初期阶段。从整体来说，第一产业的内部结构还不够合理，反映出当前农产品品种较单一、农产品市场竞争力不强、结构性富余等问题，客观上制约了农民家庭经营性收入的增加。主要体现在以下三个方面：

第一，粮食作物和经济作物结构不尽合理。2010年，粮食作物、经济作物和其他农作物播种面积分别是4 274 400公顷、1 505 663公顷、338 437公顷。而经济作物中烤烟、甘蔗、油料和蔬菜四大作物种植面积占了大部分，花卉、天然药材、咖啡、香料等新兴特色作物的比重小，对于家庭经营性收入的贡献小。而粮食作物，尽管种植面积接近70%，但由于单产较低，只能基本满足农民口粮需要，极少部分形成商品，影响现金收入。

第二，林、牧业内部结构不尽合理。林、牧业仍处于"大资源、小产业、低效益"的状况，2010年云南省林业产值为688亿元。近年来，云南根据自身的优势，大力发展畜牧业，畜牧业在第一产业结构中的比重与全国水平持平。2010年，肉类总产量约为321.37万吨，比上年同期增加8%左右。其中，猪、羊、牛肉占比达到88.78%。特别是猪肉，产量达到242.53万吨，增长5%，占比达到了75.47%。这种以猪为主的牧业结构中生猪养殖的比重越大，意味着粮食消耗的比重越大，这不仅加大了粮食生产的压力，而且影响了种植结构的调整。

第三，品种结构不尽合理。云南农产品有特色，但规模小，很多地方特色农产品只局限在本地，自产自销，农民得不到利益。同时，初级产品、劣质产品多，农业增产不一定增收。农业产业结构调整缓慢，导致结构不合理，使得农民无法从比较收益相对高的农业内部产业增加收入，阻碍了农民收入的增加。

此外，云南省的农业人口和少数民族人口众多，也会在一定程度上影响第一产业收入。从云南省第六次全国人口普查的数据来看，普查登记总人口为4 596.6万人。其中，农业人口3 838.3万人，少数民族人口1 533.7万人，分别占总人口的83.41%和33.37%。由于云南是高原地区，自然条件差，资源贫瘠，加上历史的原因，经济社会文化落后，特别是边疆地区特有的少数民族中有许多是从原始社会末期或奴隶社会直接进入到社会主义社会的，传统的思维方式、生产方式和一穷二白的经济基础，使很多农村至今仍然保持原有的小农经济的耕作方式，农业生产方式的落后，农业规模化程度的低下，不利于新的生产方式的转变，也从一定程度上影响了第一产业内部结构的调整，严重制约了农民家庭经营性收入的增长。

（2）农村第二、三产业发展滞后

第一，投入不足。受城乡二元结构体制的影响，城乡分割的投资分配体制导致云南省在教育卫生、电力、公路、水电水利建设等基础设施建设投资方面，基本上是城乡区别对待，并实行重城市优先发展的战略。改革开放后，国家和地方并没有改变原来的发展战略，并还在支出不列入公共财政支出的范围，所需的资金投入主要依靠农民自我积累和集资等解决，政府投入严重不足，使农民失去了不断提高收入的物质基础。

第二，利益连接机制不完善，农村产业化水平低。企业和农户建立合理的利益连接机制是农业产业化经营的核心和内在动力。目前，利益连接机制不完善，已经成为云南农村产业化面临的一大难题。真正意义上的农村产业化经营要求龙头企业和农户实现风险共担、利益共享，当农户和龙头企业间出现"不对称"信息时，将直接影响到农村产业化经营的顺利进行。加之云南省的农村经济发展落后，产业化水平较低，各经营主体之间多采取松散型联合这一初级形式，农村产业化的产业链比较短。这样一来，农民抵御市场风险的能力就会明显不足，从而动摇他们参与农村产业化经营的信心，制约农村第二、三产业的发展，影响农民增收。

（二）工资性收入方面

1. 农村城镇化滞后，乡镇企业不发达，转移规模有限

农村城镇化是促进农民增收和农村经济持续发展的根本路径。农村第二、三产业发展滞后，农村劳动力充分就业不足，农民的工资性收入就难以得到大幅度增加。2010年，云南省的城镇化率为35.20%，比2000年上升了11.84个百分点，平均每年提高不到1.2个百分点（全国平均提高1.3个百分点）。目前云南省的城镇化率仅相当于10年前的全国平均水平。

城镇化水平低的另一种表现就是农村乡镇企业的不发达。云南的乡镇企业发展整体上仍处于"数量少、规模小、分布散、实力弱"的阶段，自身发展能力和辐射带动能力还较弱。企业与农户间的利益关系缺乏必要的制度保障，龙头企业、中介组织、商品基地、农户之间难以形成比较稳定的产销关系，农业一体化经营水平低。同时，农民组织化程度低，大多数农村经济合作组织处于弱小、分散、不规范状态，实力不强。乡镇企业发展滞后，导致农村剩余劳动力就近择业的发展空间极其有限。近几年云南省农村劳动力转移虽然有了一

定发展,但从总体来看仍是总量偏小、速度缓慢,与周边省市相比仍有较大的差距。据统计,2010年云南省农村劳动力转移就业的规模已达到645万人,但仅占农业人口的17%,与四川省相比,差距很大。四川省有农业人口6 885万人,2010年转移规模达到2 002万人,占农业人口的29%,比云南省高出了12个百分点。根据刘易斯的二元结构理论,二元经济发展的核心问题是传统部门的剩余劳动力向现代工业部门和其他部门转移。但由于云南省城镇化发展滞后,致使大量农民滞留在有限的耕地上,沉积在第一产业上,加之城乡分割的户籍制度对农村人口非农化的壁垒,农村剩余劳动力很难转移到其他行业,严重制约了农民获取工资性收入的机会。

2. 文化素质整体偏低限制了农民就业的范围

农村剩余劳动力转移的本质是劳动力向人力资源化、知识化、技能化、人才化和人才资本化的转化。虽然近年来云南省农民的总体文化素质在不断提高,但低层次文化结构的现状尚未发生明显的改变。

根据《云南省2010年第六次全国人口普查主要数据公报》,各文化程度人口数量和人均受教育年限同2000年第五次全国人口普查相比有明显提高,文盲率由11.39%下降为6.03%。但同全国平均水平相比,仍然存在较大差距,如图5-2所示,每10万人中,大学文化程度、高中文化程度、初中文化程度分别比全国平均水平少3 152人、5 656人、6 481人,而处于最低文化水平的小学文化程度人口超出平均水平16 608人。

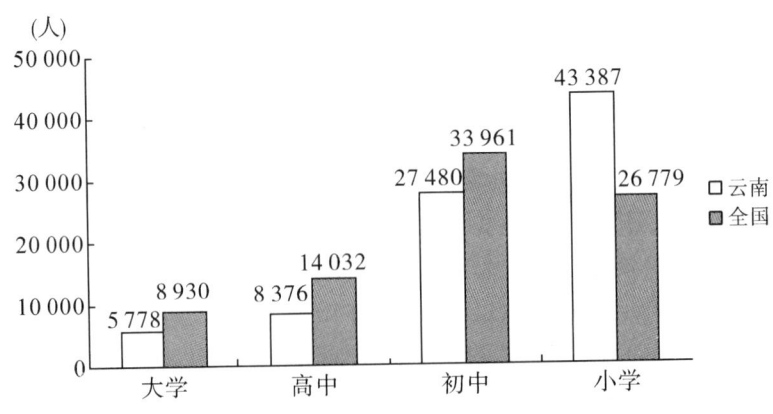

图5-2 2010年云南省与全国不同教育程度人数

资料来源:《云南省统计年鉴》、《中国统计年鉴》(2010)。

从外出务工农民的文化水平来看,云南省外出务工农民的文化水平主要集中在小学和初中文化水平。外出务工农民的文盲率占2.75%,小学及初中学历占87.71%，高中以上学历占9.54%；转移劳动力文盲率占1.39%，小学及初中学历占81.95%，高中以上学历占16.66%。外出务工人员的文化水平虽有所提高，但仅有小学及初中文化者仍然占有相当大的比重。这种低学历的状况，使得他们在进行就业选择时难度很大。

由于缺乏必要的就业技能，劳动力转移就只能在低层次上进行，大多数人只能从事收入不高、形式单一、技术含量低的工作，或是城镇居民不愿意从事的一些脏、苦、累的低层次工种，主要集中在建筑业、运输业和服务业（如餐饮、家政）等行业，大部分人的工资性收入情况不甚理想。文化综合素质偏低的现状，成为影响云南省农村剩余劳动力工资性收入的重要制约因素。

（三）财产性收入方面

1. 农村金融市场发展滞后

在我国居民的财产性收入中，金融财产性收入占有较大比重。而对云南省农民而言，从上章的关联度排名可以看出，金融财产性收入关联度较小。

（1）农村金融服务机构单一。随着国有商业银行管理权限上收，各大国有商业银行分支机构逐步淡出农村，云南农村信用社处于垄断地位。2010年年末，全省农村信用社贷款余额1 612.5亿元，占全省各项贷款余额的15.43%，形成了农村信用社以全省15%的金融资源服务60%的农村人口和地域的现象，但"一社"难以支撑"三农"，不能有效满足县域经济的整体需求。

（2）金融产品种类稀少。由于农民收入总量偏低，农民收入除去生产、生活必要花费后，用于各种投资的剩余资金不多，主要局限于储蓄，而储蓄的投资收益偏低，来自储蓄收益的财产性收入不多。而农村金融机构很少有专门针对农民理财的项目，农村居民能够参与交易的金融商品相当有限。由于云南省的农村金融市场发展缓慢，金融投资渠道狭窄，股票、证券、债券等投资方式尚未延伸到农村，这些因素从一定程度上限制了农民资金财产性收入增加。

（3）农村征信体系落后。在县域经济发展中，信用观念普遍淡薄。2009年，农业类贷款为9 425 673万元，仅占总额的10.73%。农业类贷款比重之少，除了与农村诚信体系尚不健全有关，还因农业产业风险大、回报率低等特性，挫伤了金融资金投放的积极性，制约了对农村信贷的投入。2012年4月，国家总理温家宝在广西等地就经济运行情况进行调研时指出，要打破国内少数几家大银行的垄断局面，而这也是为云南省的地方性农村金融机构的发展提供了一个契机。

2. 现行土地流转制度的制约

（1）农村土地所有权主题虚位化。这其中的主要原因是农民承包地所有权的代表是"村集体",而大多数农村地区农村集体经济组织已经名存实亡,这种产权主体的"虚化"状况使农民的土地承包经营权益容易受到一些"代理人"的侵犯。《中华人民共和国土地承包法》规定农民拥有土地的使用权、收益权以及农地流转权,并给予法律保护。按照产权理论,农民实际上成了农地农业用途的所有者,集体只是一个"名义所有者"。这时的产权应该说是非常清晰的,农民土地的承包经营权本来可以成为农民获取财产性收入的一个重要来源,而集体所有权的虚化使得许多农民并没有意识到土地承包经营权是自己的一个财产权利。任何土地集体所有制实现形式的创新对于农民来说都是没有实际意义的,这一点正是当今农村土地集体所有制的根本性缺陷。

(2)交易组织和中介服务组织,包括交易规则和载体。目前我国的土地使用权交易所遵循的各项法律、制度和条例等都还不完善,交易的监督管理机构也存在职能缺位,尚不能保证地产市场的正常运作。此外,在中介服务组织方面,还缺少如委托代理机构、法律咨询机构、资产评估机构、土地融资公司和土地保险公司等,在促进市场服务专业化、社会化和企业化,加快农地流转与土地资源的优化配置等方面还有很多漏洞。

事实上,集体土地产权并不明晰、交易和管理组织混乱,造成农民的土地收益有限。

(四)转移性收入方面

1. 财政支农相对不足

长时间以来,由于云南省经济发展的重点在城市,使得国民收入的大部分都分配给了城市经济和工业,相比较而言,政府财政支出中用于农业发展的就比较少。云南财政支农支出主要由农林水气象等部门事业费、农业基本建设支出和农业科技三项费用三部分组成。

从总量上看,除个别年份财政支农支出有所下降,云南财政支农支出总量基本呈逐年上升趋势。与总量大幅增加的趋势不同,云南财政支农支出占财政支出的比重呈现一定程度的下降趋势。该比重由改革开放初期的15%左右跌落到1985年的11.38%,之后连续六年出现反弹,还没回升到1980的水平又开始滑落,1992年以后一直在10%~15%之间波动。2010年比例达到14%,但全国平均水平为25%,低了11个百分点。

从结构上来看,包括支援农村生产支出在内的农、林、水、气象等部门事业费所占的比重最大,平均占总支出的82.3%;其次是农业基本建设支出,它在总支出中所占的比重平均为16.7%;农业科技三项费用所占的比重较小,平均仅占总支出的1%。

财政支农总量上升缓慢，结构比例失衡，直接关系到农业生产能力，农业各项基础设施无资金更新换代，从而使农民收入的增长缺少了基础性的支撑。

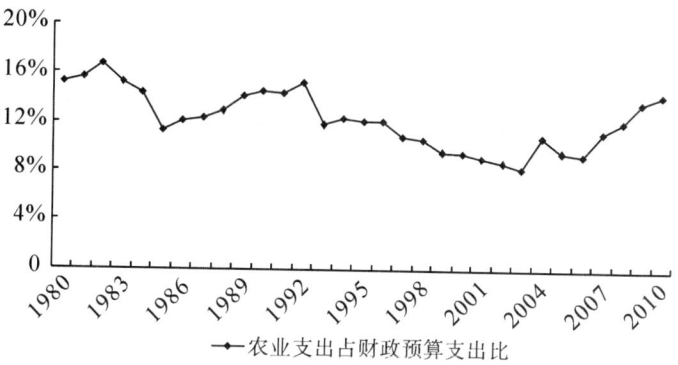

图 5-3 农业支出占财政预算支出比

资料来源：《云南省统计年鉴》（1980—2010）。

2. 农村社会保障事业水平低、覆盖面窄

（1）最低生活保障。截至 2010 年年底，云南尚有农村贫困人口 525 万人，占农村总人口的 17.16%；享受农村最低生活保障的农民为 378.1 万人，占贫困人口的 72%，仍然有 38% 的贫困人口未能享受到最低生活保障。最低生活保障制度是现代社会保障体系的最后一道"安全网"，是一种补救性的社会保障制度，也是转移性收入中最基本的收入来源，云南还需要进一步扩大农村最低生活保障制度的覆盖面，努力完善农村最低生活保障制度。

（2）医疗保障。卫生部公布的统计数据显示，截至 2010 年，云南省新型农村合作医疗基金累计支出总额为 43.5 亿元，参加新型农村合作医疗的农民为 3 412.15 万人，参合率达 95.29%，仅比上年提高 2 个百分点。健康需求是农民的基础性需求之一，医疗保障由此成为农民最需要的保障项目之一。

（3）养老保障。随着农村青壮年人口向城市流动，云南省农村的家庭养老功能在急剧弱化，截至 2010 年年底，参加农村养老保险的人数为 648.62 万人，但农村养老保险开展并不顺利，云南省除国务院批准的 13 个试点县外，"自费"增加了 3 个省级试点县，每个州市仅有一个试点县，保险覆盖的范围还比较窄，没有铺开。

此外，云南省的农村扶贫资金缺口巨大。云南省有国家级扶贫开发重点县 73 个，居全国第一位，省级重点贫困县 7 个，农民人均年收入为 3 369 元，排全国倒数第 3 位。按照每村补助 15 万元的标准，云南已完成 3 万个贫困自然村的整村推进，但还有 4 万个贫困自然村、540 万贫困人口因资金缺口无法纳入省级整村推进规划。更重要的是，自分税制改革后，免除了农民的相关税收，使地方县级财政收入大为减少，社保运行缺少保障。由于云南省的农村经济发展水平长期相对较低，农民可支配收入相对较少，在这个基础上建立起来的社会保障，只能是一种低水平的社会保障，保障作用十分有限，没有形成一个完整的体系。农村的社会保障做不好，不但会影响农民的转移性收入，而且会产生连锁反应，没有基本的社会保障，对增加农民各类收入都极为不利。

二、相应政策支持

（一）家庭经营性收入的优化途径

1. 加快农村产业结构调整

（1）以第一产业为主导，发展特色优势农产品

粮食作物、烟、茶、糖、胶是云南的传统产业，这些产业的发展壮大给农民带来了一定的经济效益和收入。但是，单一的经济产业并无法惠及和覆盖全部农民，也无法抵抗种种风险和压力。近年来涌现了一些具有农业区域特色的新兴特色产业具有一定的比较优势，并已形成一定规模，逐步成为云南农业的主导产业。在保证粮食等传统产业的正常发展的前提下，引导发展壮大这些产业，能够为云南农民增收提供广阔的产业支撑，成为农民增收致富的主要来源和渠道。

第一，种植业。云南省的特色种植业不同于以往的农作物种植业，它们的循环周期短，风险相对较小，与市场的需求相吻合，可以为农民带来较高的经济效益。

①花卉产业。由于云南省特殊的地理特征，具有优越的花卉产业发展条件，不仅能带来较高的经济效益和社会效益，而且能带来明显的生态效益。但云南花卉产业还处在低水平、小规模的阶段，难以与市场对接。具体建议如下：首先，把种植交给农民，通过开展花卉种植培训，提高其种植水平；其次，把销售交给企业，使花农与企业的利益达到最大化。

②无公害蔬菜产业。云南气候跨越从北热带到北温带的七个气候带，这种"立体气候"造就了云南蔬菜鲜明的品种优势和季节优势。云南省的蔬菜作物平均亩产值大约相当于大田作物平均亩产值的2.76倍，且生产周期短、见效快、经济效益高，因此，要提升农民的经营性收入，发展这一产业便是捷径。首先，充分发挥云南省农村富余劳动力较多的优势，降低生产成本，提高与其他地区的竞争能力；其次，利用气候优势，发展冬春早菜和夏秋补淡蔬菜，重

点发展根茎、叶菜、茄果、葱蒜等优势品种,以及具有市场前景的野生蔬菜。

③天然药物产业。云南得天独厚的地理环境和复杂多样的气候条件,孕育着十分丰富的药用资源,深厚的民族民间传统医药积淀。如文山三七、昭通天麻、云茯苓、红河灯盏花等云南特有的珍贵药材的规范化种植示范面积达2万多亩,辐射带动农户10多万户、种植面积达20多万亩,已成为区域发展特色产业的亮点。因此,天然药物的种植是云南山区和少数民族地区农民增加收入的重要渠道。

第二,畜牧业。畜牧业是带动云南农村农业发展的中轴产业,向前可以带动种植业,向后可以带动食品、皮革、毛纺、饲料等关联产业的发展,促进农业结构合理化和产业间的良性循环。云南山区多,无论是丰富的饲料作物,还是优质的牧草基地,都为发展草食畜禽提供了有利的先天条件。在规模上,可以引导民营资本,加快形成以专业大户为主体的规模养殖格局,或大力推行以专业乡、专业村为主体的专业户规模连片养殖;在品种结构上,充分利用云南有利资源,稳定生猪、家禽、奶牛、牛肉、肉羊的供给,创立特色品牌,如宣威火腿、宜良烤鸭、武定壮鸡等。

第三,林产业。云南94%的面积是山区、60%的土地为林地、80%的人口生活在农村的云南,林产业潜力巨大、优势突出,不断崛起的林产业已成为加快云南省山区农民脱贫致富的重要途径。形成覆盖云南中部和北部区域的核桃产业带;南部地区的八角和澳洲坚果产业带;金沙江上游地区的油橄榄产业带;滇西的果梅、青刺果、酸木瓜产业带;滇东北的花椒产业带;滇西南的滇皂荚和棕榈产业带;培育和发展这种生态建设与产业发展的良性互动的林产业,利用资源优势和充裕的劳动力资源,使之成为促进经济增长、农民增收的新亮点。

(2)以农村集体经济的形式,大力发展农村第二、三产业

大力发展农村集体经济。在农村,集体经济如同其他经济一样,在转移农村富余劳动力、拓宽就业渠道等方面发挥着重要的作用,也是增加农民收入的一个重要内容。为此,发展云南农村非公有制企业应实行"走出去,请进来"的办法。一方面,要"走出去",即通过学习国内、国外成功的经验,融会贯通,为己所用。另一方面,要"请进来",通过招商引资、滇沪合作等加快云南农村乡镇企业发展,利用"生产—加工+贸易等产业化经营模式",延长农村产业链,增加农产品的附加值;同时,进一步扩大和开放个体私营等非公有制的经营范畴。而对合法经营的农村流动性小商小贩,除国家另有规定外,适当免于工商登记和收取有关税费,有利于农民在农村第二、三产业领域自谋职

业、增加收入。

坚持加快以旅游业为重点的第三产业的发展。云南现阶段的农村第三产业，主要集中于一些低水平、传统的商业饮食服务业和交通运输业，以及一些推动农村城市化的第三产业，如旅游业、金融、信息服务等发展后劲不足。其中，旅游业是云南省最具条件、发展潜力最大的产业。云南省有着丰富的自然资源、多民族的民俗文化和独特的气候条件，与西部其他地区相比具有得天独厚的优势。

首先，因地制宜地发展当地特色的农村生态旅游，如田园风光游（曲靖罗平油菜花海、红河哈尼梯田、云南高原葡萄园、蒙自万亩石榴园等）、自然山水游、民族风情游、边境旅游等，不但吸收当地一部分劳动力，而且可以有效带动农村旅游工艺产品和其他产业发展。其次，以农民为经营主体，以农村当地特色资源为依托，开发与当地居民自身的优势相结合的旅游产品，如他们与生俱来的少数民族的风土风情。发展旅游业能够充分利用这些优势为当地农村带来经济利益；同时还能够有力地带动交通运输、城市建设、商业服务等相关产业的发展，为大量吸纳农村富余劳动力，扩大就业，增加农民收入创造了良好的条件。

（3）完善农村基础设施建设

农村基础设施建设直接关系到农民家庭经营收入的提高。首先，从投入方面来说，中央和云南省地方财政应继续加强对农村、农业相关基础设施建设的投入力度，保持合理的投资规模，使农村基础设施建设改善提升。其次，提高抗旱能力，开展以加强水利设施为重点的农田基本建设。坚持把节水灌溉工作放在突出位置，根据云南省水资源严重短缺的实际，加快河流整治，搞好水利设施建设的配套建设和管理，提高防汛抗旱能力。只有农村基础设施建设好了，才能将自然灾害对农业生产的损害减至最小，农民的农业生产才更有保证，才能在有限的土地资源上提高生产率，以最大限度地化解云南省土地等自然资源的短缺困境。

（二）工资性收入的优化途径

1. 努力提高农村劳动力素质，增强农村劳动力就业适应能力

劳动力素质是决定农村劳动力转移的重要因素，无论是向非农产业转移，还是产业结构调整，都与农民素质息息相关。因此，要增加农民的工资性收入，就要提高他们的就业能力与水平。农村教育的普及和推进，需要多角度、多层次、多方面同时进行：一是从基础抓起，普及九年制义务教育；二是发展成人学历教育，降低农村剩余劳动力的就业难度；三是发展农村的职业技术教

育，适应市场经济的需要及农村实际需要；四是改善农村基础教育条件，并培养一支高素质的教育队伍，缓解教育队伍人才流失严重的问题。只有广大农民的素质提高了，观念转变了，竞争力提高了，才能适应市场经济发展的需要，才能加快富余劳动力转移的步伐，农民增收也才能变为现实。

2. 加快乡镇企业发展和户籍制度改革，促进农村剩余劳动力转移

（1）应当制定优惠政策，加快乡镇企业发展，实现规模经济。乡镇企业集聚后，便于降低城镇基础设施的建设成本；同时还能有效地降低企业之间的人才、技术、资金等信息的交流成本，以此使乡镇企业获得外部经济效益。

（2）加快户籍制度改革的步伐，消除转移障碍。现行的二元户籍制度，使得农民与市民在就业、工资、住房和子女上学等方面存在明显的不平等，导致农村劳动力在城镇就业成本大且就业没有保障。促进农村劳动力向城镇转移发展，最根本的就是要消除城乡居民两种身份制度，降低进城门槛，取消一切限制农民进城务工的政策和限制性障碍，使农民拥有与城市人口平等的发展机会，享受同等的公共服务，得到与城镇居民一样的公正待遇，从而彻底解决农村、城市曾一度出现的对于劳动力的供求不平衡的矛盾，使农民能够通过非农就业增加收入。

3. 培育城乡统一的劳动力要素市场，建立多元化市场中介组织

随着经济体制改革的不断发展，传统的城乡分割的劳动力市场已难以适应劳动力资源的优化配置，必须培育和发展城乡统一的劳动力要素市场，建立多元化的市场中介组织。

（1）建立政府帮扶组织。政府工作的基本职能是公共服务职能，将提供劳务信息服务纳入行政管理。有组织、有秩序地组织农民外出务工，特别是订单输出，提高输出率；同时，为外出务工农民情况建立记录档案，进行跟踪服务，保证农民收益的同时也要保障他们的利益不受到损害。

（2）鼓励建立中介机构，培育农村劳务经纪人。一方面，通过政府资助的方法，以职业介绍机构为中介，构建向街道、乡镇、工业区和向省外延伸的劳动力信息网络，防止流动的盲目性；另一方面，鼓励和培育一批农村的劳务经纪人，有组织的输出当地的农村剩余劳动力。同时，通过培训的办法，加快提高输出劳务人员的职业技能、法律知识，增强在就业过程中的自我保护能力，充分利用农村劳务经纪人的作用，采取政府组织与自发输出相结合，拓宽农村劳务市场，提高输出效益，解决云南农村剩余劳动力问题，增加农民工收入。

（三）提高财产性和转移性收入的优化途径

财产性收入和转移性收入两部分收入虽然在农民收入中所占比例较小，但

也不可忽略，不断提高农民财产性和转移性收入可以有效缓解家庭经营收入增长不足和工资性收入增长缓慢带来的压力，可以进一步提高农民收入整体水平。况且，多渠道增加农民收入可以减少对自然因素的依赖性，缓解因自然灾害等不可抗拒因素造成的农民收入减少的压力。

1. 深化农村金融体制改革，发挥合作金融支农作用

目前，对于云南省来说农村信用社在农村金融方面发挥的作用不可小觑，进一步提升云南省农村信用社支农的实力和水平，是农村金融工作的重中之重。

（1）加快农村信用社产权制度改革，明晰产权关系。云南省农村信用社的产权制度非常复杂，信用社股金有信用社职工股、农民社员股、国家股、法人股和乡村集体股等。要解决信用社内部积累和历年亏损分配，必须明确信用社的产权问题。

（2）加强内部管理，强化约束机制，增加业务品种，提高服务水平。由于云南省农村经济长期处于滞后状态，金融对经济的支持作用体现的并不充分，而且信用社本身对内部控制不够重视，加大了运营风险。因此，要以建立健全云南农村信用社内部控制制度为核心，完善金融产品的品种，使其不仅成为为"三农"提供信贷服务的融资机构，而且应成为农业产业、科技与金融相结合的信息中心，满足农民对于财产性收入的需求。

（3）提供政策优惠。借鉴国内外农村合作金融经验，对以服务"三农"为宗旨的偏远地区农村信用社通过免征利息税、适当降低营业税和所得税税率以及减少存款准备金、放松利率管制等途径进行必要的扶持。通过以上方式，以农村信用社为切入点，完善云南农村金融体制，加快农民财产性收入。

2. 保障土地流转过程中的农民权益

当前多数地区农地流转收益低，而且缺乏农地流转收益增长机制，阻碍了农民分享未来土地收益增加的成果，严重抑制了参与流转的农民的财产性收入的增加。因此，不仅要从法律和制度上保障外出务工农民对其承包地的权益，而且要完善农村土地流转机制，确保农民财产性收入与农村土地价值同步增长。此外，要建立有效的农业经济合作组织，提高农民在政府决策中的话语权。由于中国农民和农业企业处于一种自由、松散的状态，在政府决策中处于弱势地位，在农村土地流转的过程中侵害农民利益的事件时有发生，因此建立农业经济合作组织对推动农地流转和保障农民收益具有重要意义。

3. 创新和完善农村社会保障机制

建立贫困农民社会保障立法体系，完善贫困农村最低生活保障制度，强化

政府在社会保障中的投入、管理和监督责任,实现包括养老保险、医疗保险、工伤保险、社会救助等社会保障体系在内的全覆盖,使贫困老人有人养,贫困病人看得起病、有地方医治,失业者有救济等。

  此外,还要完善扶贫资金投入管理体系。坚持"政府主导,社会参与,自力更生,开发扶贫"的方针。以政府投入为引导,动员企业、农民、社会其他力量千方百计增加扶贫资金投入。为了避免"低收入均衡陷阱"的出现,政府要在控制人口过快增长的基础上,建立财政扶贫资金长效机制,并引导全社会增加扶贫投入。扶贫资金要进一步向边远、少数民族、贫困地区倾斜,要鼓励在贫困地区开展村镇银行、小额贷款公司以及新型农业保险试点,扩大扶贫信贷规模。管理上,应建立健全扶贫资金管理体制,加强扶贫资金的集中管理、投放重点和绩效考评制度,提高其使用效率。提高农村社会保障覆盖率和保障水平,逐步建立和完善适合云南省特点的农民社会保障制度,对于提升农民转移性收入具有关键性的作用。

第二篇　实践篇

第六章　相关论文

论文一　新形势下的扶贫开发模式创新探讨

摘要：我国扶贫工作已进入扶贫攻坚的重要阶段，由于扶贫工作重点的变化，我国扶贫出现了新形势、新局面。在总结泰国北部罂粟替代扶贫模式的成功经验的基础上，指出值得借鉴的方式方法，提出我国新形势下扶贫新模式的运行方式。

关键词：扶贫开发；新形势；模式创新

一、当前的扶贫新形势

经过过去十年的扶贫努力，我国扶贫事业取得了令人瞩目的成就。贫困人口大幅减少，收入水平稳步提高，贫困地区基础设施明显改善，社会事业不断进步，最低生活保障制度全面建立，农村居民生存和温饱问题基本解决，探索出一条中国特色扶贫开发道路。关于未来十年的扶贫规划，2011年12月国务院印发了《中国农村扶贫开发纲要（2011—2020年）》。该纲要是今后一个时期我国扶贫开发工作的纲领性文件，该纲要的公布意味着我国的扶贫进程将要迈入崭新的阶段。在新的阶段要继续深入推进扶贫开发，其扶贫对象、扶贫开发重点、扶贫开发方式及扶贫开发目标都发生了较大变化。

（1）扶贫对象包括范围更加广阔。扶贫的主要对象不仅仅是针对贫困地区的贫困人口，而是面向全社会扶贫标准以下具备劳动能力的农村人口。

（2）扶贫开发重点更加具体明确。扶贫开发的重点由原来的贫困人口集中的中西部少数民族地区、革命老区、边疆地区和特困地区等地区，包括六盘山区、秦巴山区、武陵山区、乌蒙山区、滇桂黔石漠化区、滇西边境山区、大兴安岭南麓山区、燕山—太行山区、吕梁山区、大别山区、罗霄山区等区域的连片特困地区和已明确实施特殊政策的西藏、四省藏族聚居区、新疆南疆三地州的集中连片特困地区。

（3）扶贫开发方式和参与主体更加多样化和立体化。经过二十多年的扶贫开发，我国已经总结了许多行之有效的扶贫开发方法。比如专项扶贫：易地搬迁、整村推进、以工代赈、产业扶贫、就业促进等。在应用多种扶贫开发方式的同时，动员全社会力量参与到扶贫事业当中，包括中央和国家机关各部门各单位、人民团体、参照公务员法管理的事业单位和国有大型骨干企业、国有控股金融机构、国家重点科研院校、军队和武警部队。支持各民主党派中央、全国工商联参与定点扶贫工作。积极鼓励、引导、支持和帮助各类非公有制企业、社会组织承担定点扶贫任务。

（4）扶贫目标层次明显提高。过去十年，我国的扶贫目标是尽快解决少数贫困人口温饱问题，进一步改善贫困地区的基本生产、生活条件，巩固温饱成果，提高贫困人口的生活质量和综合素质，加强贫困乡村的基础设施建设。未来十年，我国的扶贫目标是到2020年，稳定实现扶贫对象不愁吃、不愁穿，保障其义务教育、基本医疗和住房。贫困地区农民人均纯收入增长幅度高于全国平均水平。

二、新形势下扶贫工作面临的挑战

我国扶贫工作经过长期摸索已总结了丰富的扶贫经验和模式。随着扶贫工作进入攻坚阶段，扶贫重点都是扶贫难度最大、贫困问题最难以解决的地区。这些特困地区具有以下特点：远离中心城市，交通和经济不发达，基础设施薄弱，生态环境脆弱，人口分布在边远山区。由于先天环境的制约，这些集中连片特困地区在过去二十多年的扶贫开发中并未有效的脱贫。而未来的扶贫开发过程已形成的扶贫开发模式可能受到严峻的挑战。

（1）产业扶贫开发模式可能难于达到效果。产业扶贫是帮助贫困地区开发和扶持具有当地特色和市场竞争力的农业产业。这一扶贫模式曾有效地帮助很多贫困地区提高收入、发展经济、减少贫困。然而，这一模式应用于集中连片特困地区可能会碰到一定问题。①规模农业难于发展。在这些特困山区，没有大面积可耕种的田地，只能利用山坡上的坡地，在云南怒江地区有的土地迫于无平地不得不开垦在陡坡角度60°以上、不便于耕种的山坡上，人均土地资源非常少。我国实行退耕还林政策之后,这些山地地区的农民人均土地面积仅为1~2亩,且单产较低。大规模的农业开发可能破坏当地较为脆弱的生态环境,环境一旦破坏将很长时间难以回复,得不偿失。这些地区的农民大部分依靠政府补助维持生活,难于在这些地区进行农业大规模的开发。②农产品产品缺乏竞争力。一是土地面积小且土地单位产量低,其产品的生产成本相对较高;二是人口居住较为分散,一定量的农产品的收集、集中成本非常高;三是远离中心城市,且交通运输不便,导致这些地区的农产品缺乏有效的市场竞争力,农产品的商品化率比较低。③产业链的经济利益很难转移到农户。一方面由于农民以家庭为生产单位,产量少,缺乏市场议价能力;另一方面由于农户作为市场链末端,市场中间环节过多,利润分享环节过多,导致农户获得的市场收益相当有限。

(2) 整村推进扶贫开发模式的成本收益比过低。整村推进扶贫开发模式以扶贫开发工作重点村为对象,以增加贫困群众收入为核心,以完善基础设施建设、发展社会公益事业、改善群众生产生活条件为重点,以促进经济社会文化全面发展为目标,整合资源、科学规划、集中投入、规范运作、分批实施、逐村验收的扶贫开发工作方式。集中连片特困山区人口居住分散,交通不便。为山里分散的每家每户完善基础设施建设、改善生产生活条件措施,如通路通电等成本将有可能是比较高的,导致成本收益比过低。

(3) 易地扶贫开发模式可能产生迁移居民不适应问题。易地扶贫开发模式是指将生活在缺乏生存条件地区的贫困人口搬迁安置到其他地区,并通过改善安置区的生产生活条件、调整经济结构和拓展增收渠道,帮助搬迁人口逐步脱贫致富。对一些易地搬迁的成年贫困人口,由于文化、环境和自身能力的原因,很难适应新居住环境。部分搬迁户放弃政府为其新修建的房子,回到以前的窝棚生活。

我国长期不懈的扶贫努力极大地减少了贫困人口数量,现存扶贫人口分布区域都存在着种种自然和人文环境的制约因素,是扶贫工作的攻坚难点。面对新形势下的挑战,需要一种适于分散居住且产出不成规模的贫困山区的新型扶贫开发模式。

三、泰国的罂粟替代种植扶贫模式借鉴思考

泰国北部的罂粟替代种植扶贫是一个相当成功的扶贫范例。北部地区的老百姓不仅放弃种植鸦片,而且通过植树造林,建立了生态良好的生态环境;通

过种植其他农产品，成功实现了脱贫。其模式的特点和经验如下：

（1）由泰国国王主导的扶贫模式。泰国国王在泰国具有绝对的影响力。他主导的项目会有很多机构和团体主动参与其中，包括大学的科研技术支持、企业的帮扶等。

（2）注重当地农民的科技培养和项目扶持。为了让老百姓找到除罂粟以外的谋生手段。泰国国王引导当地老百姓种植桃子等农作物；组织当地妇女学习花卉的种植技术，同时建立皇家花园，开辟旅游收入；组织当地老百姓利用当地麻料进行纺织、缝制时装，并设专卖店销售。

（3）注重项目的整体长远规划。在泰国的罂粟替代种植扶贫模式中，始终以建立良好生态为目标，不仅注重农业生产过程中科学技术的应用和培训，而且注重产后的市场建立，即帮助老百姓的农产品商品化，实现最终利润。

我国扶贫工作与泰国罂粟替代扶贫也有很多相似之处。①我国扶贫工作主要是由国家政府主导的，国家政府在我国是具有绝对的权威和影响力的，因此在扶贫进程中，有很多大学、科研机构、企业和组织义务参与到其中。②我国扶贫工作中也因地制宜地开展了很多科技培训工作，通过项目开发，帮助老百姓提高收入。

但泰国北部的罂粟替代扶贫模式仍有一些经验值得借鉴：

（1）良好的生态环境意识。放眼泰国北部郁郁葱葱的山脉和树林，很难想象二十多年前这里是漫山遍野的罂粟花，当地老百姓靠毒品苟且偷生。泰国北部经过二十多年的努力，建立了吸引世界各地旅游爱好者户外休闲度假的胜地，开发了旅游休闲娱乐产业，成功地实现了当地经济转型和脱贫。

（2）帮助贫困地区建立销售市场。从泰国的罂粟替代扶贫的成功经验来看，在扶贫过程中注重为贫困区域农产品寻找或"提供"市场需求。比如帮助项目开设专卖店、鼓励超市主动销售、国民主动够买这些地区的农产品，实现产品的商品化，逐步帮助这些地区的贫困农民真正融入市场，进入良性循环。

四、新形势下扶贫创新模式

"十二五"期间，我国进入了扶贫攻坚阶段。这些集中连片特困山区特殊的自然环境使得大规模的特色农业产业开发很难展开。脆弱的生态环境很容易由于过度开发而遭到破坏，导致恶性循环，形成新的生态贫困。不具有规模的特色农产品将无法弥补市场开发的高额成本，产品不具有市场竞争力。因此，仅靠一些纯粹市场经济扶贫措施，无法解决我国当前的扶贫攻坚问题，要么可能破坏生态环境、要么因为缺乏市场竞争力，无法将农产品商品化。因此，需要在现有扶贫模式基础上发展新的模式。扶贫新模式的特点是在生态保护的基础上依靠政府和社会力量建立集中连片特困地区的参与式农产品市场链，减少农产品市场开拓的资金成本，提高特困地区农产品的商品率，增加农民收入。这一扶贫新模式的运行模式如下：

（1）扶贫主体仍以政府为主体，动员社会各界积极参与。扶贫事业既是政府的一项民生事业，也是社会的一项公益事业。我国政府一直致力于减少贫困，政府主要负责扶贫进程中投入大收益慢的基础设施等企业不愿或无力承担的扶贫项目，并引导和推进企事业单位帮助引导贫困地区逐步融入到国内大市场中，并获得收益。近三十年来我国扶贫事业取得了巨大的成就。未来十年我国在集中连片特困山区的扶贫攻坚，仍然需要政府和社会各界的参与和扶持，政府继续在农田水利、交通等方面进行改造和修缮，并通过政府影响力引导企事业单位继续在科技、市场等方面进行帮扶，才能完成这项艰巨的扶贫工程。

（2）以良好的生态保护为前提，不适宜规模农业开发。通常情况下，规模农业虽然有助于降低生产运输和市场开拓的单位成本，增强竞争力。但集中连片特困地区大部分属于生态环境较为脆弱的地区，在资金和技术限制的情况下，规模农业或工业的开发将可能破坏生态环境，且生态修复极其困难，使得本已贫困的居民再次陷入经济和生态贫困的恶性循环中。且这些地区适于农业耕种的土地极其有限，因此，在当前经济技术条件下，规模农业或工业开发不适宜这些地区。

（3）注重生态科技扶贫，着力打造特色农林业。在缺乏规模经济的情况下，产品的市场竞争力必须从生态特色方面着手，大部分集中连片特困地区远离城市和工业污染，保持着生态环境良好，其农产品很容易打造为绿色生态有机食品。因此，需要广大的科研技术工作者加大科技研发和培训，在挖掘农林特色生态有机产品的同时，提高农林产品生产和加工的科技含量。

（4）政府牵头企业参与，开拓特困山区扶贫市场。由于集中连片特困山区绝大部分农产品生产难以规模化，很难发展成为一种大产业，其农产品的市场开发仅仅按照市场经济规律运行将无法完成。因此，这些具有农林特色的农产品的市场开拓初期还是应该依靠政府和企业的力量来完成。比如，由政府联系流通企业，为特困山区开辟特卖专柜，集中销售特困山区的各种生态农特产品。政府可为销售特困山区的农特产品的企业适当减免税费。通常情况下，由某一农户或某一不具有规模的企业基本不具备进入各大型超市进行流通的能力，且某一特困地区的部分农特产品由于产量限制，也不具备大规模市场推广和开发的商业价值。如果把所有的集中连片特困山区的生态农特产品作为一个整体进行市场开发，一方面生态农产品满足人们对食品安全的市场需求，且产品能够形成一定的规模，产生一定的市场规模效益；另一方面作为特困山区的生态农特产品，出售和够买该产品都具有一定的公益性，能够满足企业和个人参与公益事业，提升社会形象的需求。

（5）减少流通中间环节，确保农民得到实惠。通常情况下，农产品的流通、销售费用和利润占农产品价格的大部分，农民仅能从农产品的商品化过程中得到很少利益。因此，在建立特困地区农产品销售市场时，应尽量采用直供的方式进行，即农户可以组织农村销售合作社，负责和农户、市场对接，向农户传达市场的需求，集中、包装和运输农产品到销售市场。成立这样的农村销售合作社，一方面有利于减少流通中间环节，降低成本，增加产品的市场竞争力，并确保农民能够获得更多的利润；另一方面，通过培训和接触市场，可以为特困山区培养一批了解市场和懂得市场开发的本地人才，有利于特困山区的脱贫致富和可持续发展。

五、小结

我国进入扶贫攻坚新阶段，在新形势下除了采用已形成的扶贫模式外，根据当前扶贫进程中的新问题，必须要有新的策略。即政府在继续做好基础建设扶贫的同时，动员社会力量广泛加入。以环境保护为前提，注重产前、产中的生产科技服务，为集中连片特困地区寻找优势特色项目；注重产后商品的市场开拓和销售。结合集中连片特困地区农业生产的特点，通过结合流通企业开辟特色扶贫市场，为这些地区的农产品销售打开市场，提高农产品附加值，增加农民收入。同时，通过扶持农产品销售合作社，减少流通中间环节，可以减少流通成本，增加市场竞争力，增加农民收入，并可以培养本地的农产品市场销售人才。

论文二 云南边疆民族地区扶贫开发研究

摘要： 云南地处西南边陲，集边疆、民族、山区一体，特殊的自然、地理和文化历史条件，决定了云南经济社会发育程度低，贫困面大，深度贫困问题突出，返贫率高，贫困区域和贫困群体特殊，贫困问题严重。从云南区域实际出发，以特殊区域与特殊对象为重点，走扶贫开发与产业扶贫、环境保护相结合，完善扶贫开发资金投入体系、加强农村社会保障体系建设，是云南提高扶贫开发工作效率和质量，缓解和消除贫困现象的重要途径。

关键词： 云南贫困；边疆民族，整村推进；整乡推进；兴边富民；连片开发

一、概述

作为一种社会经济现象，贫困是经济、社会、文化落后的总称，是由低收入造成的缺乏生活必需的基本物质和服务以及没有发展的机会和手段这样一种生活状况，是一个多因素综合作用的结果。1956 年，美国经济学家纳克斯（Ragnar Nurkse）提出"贫困恶性循环"理论，认为发展中国家之所以贫困，是因为这些国家（地区）的经济中存在着若干个互相联系、互相作用的"恶性循环系列"，使得资本形成不足。要摆脱贫困，打破恶性循环，必须大规模地增加投资，增加居民储蓄，促进资本积累的形成。同年，美国经济学家纳尔逊（R. R. Nelson）提出"低水平均衡陷阱"理论，认为发展中国家（地区）经济贫困主要是因为人均收入过低，导致储蓄能力过低，投资量小和资本形成不足，要摆脱这种"低水平均衡陷阱"，必须进行大规模的资本投入，使投资的增长和产出的增长超过人口增长。1957 年，美国经济学家哈维·莱宾斯坦（Harvey Leibenstein）提出经济发展"临界最小努力"理论，认为发展中国家（地区）要打破收入低与贫困之间的恶性循环，就必须保证足够高的资本投资率，这个投资率的水平值即"临界最小努力"，没有这个"临界最小努力"就难以使国民经济摆脱贫困落后的困境。1974 年，瑞典贫困问题专家冈纳·缪尔达尔（Gunnar Myrdar）提出"循环积累因果关系"理论，认为贫困是社会、经济、政治和制度等综合作用的结果，主张通过权力关系、土地关系、教育等

方面的改革，实现收入平等，增加穷人的消费，以提高投资引诱。上述理论，对于缓解和消除发展中国家贫困问题，促进扶贫开发具有重要的实践意义。

近十年来，随着《中国农村扶贫开发纲要》的实施，云南加快贫困地区脱贫致富进程，取得了明显成效。①财政扶贫资金投入力度明显加大。2001—2009年，全省共投入省级以上财政扶贫资金142.06亿元，其中中央财政扶贫资金96.17亿元，省级财政扶贫资金45.89亿元，省级财政资金投入总量位居全国第一。②贫困人口数量明显减少。全省贫困人口从2000年年底的1 022.1万人下降到2009年年底的540万人，减少了482.1万人，贫困发生率由29.63%下降到14.71%。③贫困地区农民收入水平明显提高。73个国家级扶贫重点县农民人均纯收入由1 100元提高到2 569元。④贫困地区整体经济水平明显增强。73个国家扶贫开发工作重点县人均GDP从2000年的2 207元提高到2009年的7 198元，农业总产值从302亿元提高到810亿元，人均地方财政收入从120元提高到418元。此外，贫困地区的基础设施得到加强，社会事业得到发展，生态环境条件得到不断改善。然而，与全国其他省区相比，云南扶贫开发仍然面临着贫困面大、扶贫资金缺口大、贫困程度深、扶贫成本提高和返贫率高等突出问题，形势依然十分严峻。

二、云南边疆民族地区贫困基本状况

云南地处我国西南边陲，是一个集边疆、民族、山区、革命老区为一体的农业省份。在全省394 000平方千米的国土面积中，坝区面积仅占6%，山区面积高达94%，且大部分属于"老、少、边、穷"的山区农村。全省分别与缅甸、老挝、越南三国接壤，辐射8个州市25个县市，边境线长达4 061千米，占我国陆地边境线的1/5，分布于国境线上的拉祜族、景颇族、傈僳族、佤族、苗族等19个人口较少民族和沿边跨境少数民族地区是贫困人口最集中、贫困程度最深、脱贫难度最大的地区。云南是中国世居少数民族种类最多、特有民族最多、人口较少民族最多、民族自治地方最多、实行区域自治的民族最多的省份；在全国55个少数民族中，云南就有51个，人口1 533.7万人，占全省总人口的33.4%，其中5 000人以上的世居民族有25个，特有少数民族15个（30万以下的8个）；在全省16个州市的129个县中，有78个少数民族自治地方的贫困人口达340.7万人，其中绝对贫困人口127.29万人，低收入人口213.41万人；在全省25个少数民族中，有景颇族、拉祜族、佤族、傈僳族四个特困民族，共171.5万人，主要分布于全省13个州市59个县市298个

乡镇；12个"直过"民族138万人基本处于整体贫困状态。云南是我国革命老区较早形成的省份之一，全省共有47个县和38个乡镇为革命老区，其中有27个国家级扶贫开发工作重点县、3个省级重点县、14个民族自治县、6个边境县，由于地处深山、石山区、高寒山区和边境民族地区，尚未摆脱贫困状态。

三、云南边疆民族地区扶贫开发的主要做法

近年来，云南结合本省实际，创新扶贫工作思路，加大扶贫开发力度，突出扶贫重点，调整扶贫方式，积极探索符合云南贫困实际的扶贫开发新途径和新模式，取得了宝贵经验。

（一）整村推进

"十五"、"十一五"期间，云南省先后出台了《云南省农村扶贫开发纲要（2001—2010年）》，《云南省"十一五"整村推进规划》、《云南省关于加强整村推进扶贫开发工作的实施意见》等重要文件，确定以行政村为单元实施4 000个重点村和以自然村为单元实施5 000个温饱村，到2010年完成3万个30户以上贫困自然村的整村推进任务。其主要做法是：①加强领导，落实责任。明确行业扶贫责任，建立目标责任考核机制，逐级分解目标，将任务分解到部门，落实到责任人。②整合资源，合力攻坚。以村级规划为平台，按照"统一规划、统筹安排，各司其职、各负其责，渠道不乱、用途不变，相互配套、形成合力"的原则，统筹各类强农惠农政策、农村社会保障政策、社会事业发展政策，建立并落实以贫困村整村推进为平台的资源整合机制。开展"千企扶千村"扶贫行动，加强与中央定点扶贫单位、上海市的沟通联系，认真落实滇沪对口帮扶规划，不断提升定点扶贫、对口帮扶的范围和层次，丰富社会扶贫的内容。③强化管理，注重实效。全面落实财政扶贫资金预拨报账制，坚持资金跟随项目走的原则，严格实行支出凭证县级财政报账制管理，确保工程建设进度和资金安全运行。严格扶贫资金投向和使用范围，财政扶贫资金按缺什么补什么的原则，主要用于贫困户的住房改造、人畜饮水、基本农田、村内道路、产业开发等与解决贫困群众温饱关系最密切的项目上。④督促检查，狠抓落实。在扶贫项目资金的安排上，严格坚持先难后易的原则，优先安排最贫困的村实施规划，优先解决群众最迫切需要解决的问题。牢固构建上级监督、部门监督、监察审计监督、群众监督和社会舆论监督的五道防线。⑤切实发挥贫困群众在扶贫开发工作中的主体作用，组织群众全程参与规划的制

定、实施、监管。整村推进的实施，取得了明显成效。资料显示，2002—2009年，全省整村推进累计投入各类扶贫资金91.88亿元，覆盖16个州市的124个县，完成4 835个行政村的整村推进，267.3万户、1 208.5万人受益。

（二）整乡推进

2009年5月，云南省开始组织实施第一批17个乡（镇）整乡推进试点，出台了《云南省扶贫开发整乡推进试点工作指导意见》，并相继在全省16个州市的20个乡镇、182个村委会、1 576个自然村开展了整乡推进试点。整乡推进项目规划紧紧围绕产业扶贫、基础设施、社会事业、生态能源建设、科技推广、民生保障和农村基层组织建设七大类建设项目，规划总投资22.55亿元。其主要做法是：①创新思路，按照资源大整合、社会大参与、群众大发动、产业大发展的理念，探索创新开发模式，统筹协调发展，充分发挥整乡推进的平台作用，整合资金，集中力量办大事。②科学规划，明确目标，突出特色，尊重民意，整乡推进扶贫开发试点项目实行一次规划，两年实施，第三年检查验收，省级每乡补助600万元。③创新产业发展机制，形成连片开发态势，建设一批特色商品基地，促进产业规模化发展，加大劳动力培训转移力度。④健全服务体系，加强农业科技机构和队伍建设，建立健全农业生产资料和农产品流通体系，金融支持"三农"体系，农村社会事业服务体系，便民服务体系。目前在产业扶贫、基础设施建设、安居工程建设、乡村道路修建、生态能源建设、科技和劳务输出培训、致富带头人培养等方面已取得较好效果。

（三）兴边富民

2005—2010年，云南实施了包括基础设施建设、温饱安居、产业培育、素质提高、社会保障和社会稳定、生态保护与建设6大工程30件惠民实事的兴边富民工程，工程累计投入资金达到254亿元。工程分两轮开展：第一轮（2005—2007年）的目的是促进民族团结，实现睦邻强省。三年共投入中央及省级财政扶贫资金7.92亿元，在25个边境县，实施了2 453个贫困村的整村推进项目和101 609户的扶贫安居工程项目，分别投入资金4.16亿元和3.76亿元。同时，在产业扶持、劳动力培训转移、易地搬迁、信贷贴息等各类扶贫开发项目的安排上，向边境地区倾斜。通过第一轮兴边富民工程的实施，25个边境县贫困人口由2004年年底的166.47万人下降到2007年年底的125.44万人，贫困人口比重由33.3%下降到24.7%。在第一轮工程的基础上，2008年，云南省委、省政府出台了《关于实施新三年"兴边富民工程"的决定》和《云南省"兴边富民工程"新三年行动计划（2008—2010年）》，启动实施了新一轮兴边富民工程。安排财政扶贫资金4.3亿元,在边境25个县的沿边乡镇实施2 864个贫困自然村整村推进。兴边富民扶贫开发工程的实施,在边境25个县投入财政扶贫资金共18.38亿元,实施了4 902个贫困自然村整村推进,使边境一线贫困程度得到有效缓解,贫困人口数量明显减少,贫困村脱贫产业逐步发展壮大,村容村貌有了较大改善,可持续发展能力得到有效增强。有关资料显示,2005—2010年,边境地区GDP由305.6亿元增加到683.3亿元,年均增长31.2%,高于全省平均水平1.4个百分点;农民人均纯收入由1 337元增加到3 114元,收益面覆盖4 902个贫困自然村的18.2万户、76.4万人,基本实现"村村通"广播电视,25个边境县市全部建立了新型农村合作医疗制度和农村低保制度。

(四)特殊帮扶

针对贫困的区域性、群体性特征,云南加大了相应的扶贫开发力度。①加大了对藏族聚居区、"直过区"、少数民族地区、革命老区的扶持力度。先后制定了《云南省扶持人口较少民族发展规划(2006—2010年)》《云南省扶持人口较少民族发展专项建设规划》,以及傈僳、拉祜、景颇、佤族四个特困少数民族脱贫发展规划等,实施了100个特困民族乡和100个边境民族贫困乡的扶持计划,通过落实党政硬化责任,分解落实部门责任,各级给予补助,上海对口帮扶,部门整合资金,机关挂钩扶贫,社会广泛参与,群众自力更生等政策措施,形成了多部门协作,多渠道投入,多层次推进,多方力量参与,合理帮扶的"大扶贫"工作格局。②对苦聪人(拉祜族)、莽人(布朗族)、克木人(布朗族)、僰人(彝族)、山瑶支系(瑶族)进行了重点帮扶等,累计投入普洱市镇沅县苦聪人帮扶资金2.6亿元,基本解决了1.3万苦聪人的温饱问题。整合投入莽人、克木人帮扶资金1.66亿元,开展了整村推进、基础设施、产业发展、安居工程等12项工程建设,取得了阶段性成果,使边远、少数民族、贫困地区的生产生活条件得到明显改善,经济发展不断加快,基本实现整体脱贫。

(五)连片开发

为适应新阶段扶贫开发的形势变化,探索创新财政扶贫机制,从2007年开始,云南按照国家的统一安排,建立了对特殊困难区域重点扶持机制,加大了对昭通、文山、怒江、迪庆集中连片贫困州市的投入力度,整体贫困状况得到明显缓解。在全省10个县开展了"县为单位,整合资金,整村推进,连片开发"的试点工作,按照产业发展、基础设施、生态建设、社会公益和科技培训等内容编制连片开发规划。在中央和省级投入1 000万元试点资金的基础上，以县为单位，按照1∶3的比例，整合有关部门资金，集中用于连片开发。2007—2009年，共投入省级以上财政扶贫资金1亿元，探索了集中力量、集中投入、集中解决贫困地区"三农"问题的新途径，起到了促进作用。云南开展集中连片开发扶贫的实践，成功地探索了促进贫困人口整体脱贫的一条途径，为新时期扶贫开发工作提供了新的视野、思路和模式。推动了扶贫开发从完全依靠财政投入向财政投入和社会投入并举转变，从着力解决贫困人温饱问题向更加注重产业开发转变，从分散式的扶贫向集中连片开发转变，从单项工作向全面推进转变，从主要以扶贫部门为主向全社会帮扶转变；集中连片开发中的"一次性规划，整体推进"的做法，弥补了过去传统扶贫方式中力量弱、范围小、资源配备不足、大项目实施难等局限。

此外，云南还紧密结合省情，在易地搬迁扶贫、以工代赈扶贫、社会扶贫、扶贫贴息贷款、贫困地区劳动力转移培训等方面进行了有益探索，取得了宝贵经验。

四、云南边疆民族地区扶贫开发面临的突出问题

由于受特殊的自然、地理、经济、社会、历史、文化等因素的影响，云南扶贫开发工作仍然面临着一系列突出问题。

(一) 贫困人口仍然庞大

按照1 196元的扶贫标准，到2009年，云南省还有贫困人口540万人，占全国贫困人口的15%，居全国第二位；全国每7个贫困人口中就有1个在云南；若国家扶贫标准提高到1 500元后，云南贫困人口将达到1 000万人左右，增加40%以上；还有60多万特困群众基本丧失生存条件，急需进行易地搬迁扶贫，16个沿边跨境民族贫困人口达112万人；有国家级扶贫开发重点县73个，居全国第一位，省级重点贫困县7个，农民人均年收入为3 369元，排全国倒数第3位。

(二) 区域贫困仍然显著

云南省贫困人口分布具有极强的区域性。贫困人口主要集中在生存环境更差，居住更加分散，构成更加复杂，社会发育程度更为落后的山区和少数民族地区、革命老区、边境一线、"三江"（怒江、澜沧江、金沙江）沿岸地区。这些地区地形复杂，山高谷深，自然条件恶劣，扶贫难度大，成本高，抗御自然灾害和开展生产自救的能力较弱，因病因灾返贫现象十分严重。迪庆藏族自治州、怒江傈僳族自治州地处横断山脉高山深谷区，集民族、山区、贫困为一

体，发展最为滞后，是云南省类型最特殊的贫困地区；位于中越边界的文山壮族苗族自治州属革命老区，岩溶面积占51%，自然生态环境恶化，贫困面广；地处滇东北的昭通是云南人口大市，贫困人口超过100万人，是贫困最集中的地区；在边境一线的8州市25县，总人口189.84万人，贫困人114.84万人，独龙族、德昂族、基诺族、怒族、阿昌族、普米族、布朗族7个人口较少民族总人口为22.9万人，贫困发生率达74.2%，12个"直过区"民族贫困人口138万人，贫困发生率达91.1%，景颇族、佤族、拉祜族、傈僳族4个特困民族基本处于贫困状态。

（三）贫困程度仍然较高

旧的贫困因素还未弱化的同时，新的致贫因素却在不断强化主要体现在以下几个方面：①深度贫困人口规模大。有关数据显示，2009年年末，云南边远少数民族贫困地区农民年人均纯收入在785元以下的深度贫困人口有153.4万人，占全省540万贫困人口的28.4%，占全省160.2万深度贫困人口的95.8%，涉及16个州（市）的105个县（市、区）、1 025个乡（镇）、5 204个建制村、137万个自然村。②贫困人口收入差距大。因政策原因，全省收入差距、城乡差距、区域差距有扩大趋势。2002年全省农村居民人均纯收入与城镇居民可支配收入之比为1∶4.27，2007扩大到1∶4.53，远远超过国际公认的1∶3的警戒线。2009年云南农民人均收入最高的玉溪市为5 119元，最低的怒江为1 709元，两者相差3 410元。73个国家级扶贫工作重点县的农民年人均纯收入仅为2 569元，仅为全省的76.25%、全国的49.85%。③贫困发生率高。2009年，云南贫困发生率达14.8%，占全国贫困人口的15%，居全国第二位。目前，全省少数民族自治地方及25个边境市县贫困发生率均高于全省平均水平，全省农民人均纯收入在785元以下的深度贫困人口中，少数民族占68.6%。此外，因市场风险、政策风险、工程移民、建设用地和生态保护等因素，都有可能产生新的贫困群体。

（四）开发与保护矛盾凸显

有关资料显示，在云南现有的国土面积中，大约有50%以上的国土面积划归为各种类型的保护区。而这些地区大部分为贫困地区，也就是说，保护区与贫困之间在地理上存在重叠关系，如地处东亚、南亚和青藏高原三大地理区域的交汇处的"三江并流"区域，有9个自然保护区与10个风景名胜区，是中国生物多样性的中心和世界上温带生物多样性最丰富的区域。同时，这一区域又处中国四大贫困区之一的青藏高原区边缘，分布于迪庆藏族自治州、怒江傈僳族自治州和丽江地区，总人口约80万，许多是从原始社会末期或奴隶社会直接进入到社会主义社会的"直过"民族，由于其落后的农业生产方式和生活方式，决定了他们对区内自然资源有强大的依赖性。保护区的设定，必然割断这些居民与保护区内自然资源的直接联系，使他们丧失了赖以维持生计的食物、燃料及其他经济收入，在目前生态补偿机制不到位、不完善的情况下，必然导致其贫困程度加深。不仅如此，当地政府为了发展经济，往往在保护区内盲目开发，有时不惜破坏大量的森林资源或者在实行严格保护的保护区内修建公路，造成山体滑坡、水土流失等问题，使当地居民面临的生态灾害增多，生命财产受损更大，贫困程度进一步加深。

(五) 扶贫资金缺口巨大

解决贫困问题，资金是关键。"十一五"期间，按照每村补助15万元的标准，云南已完成3万个贫困自然村的整村推进，但还有4万个贫困自然村因资金缺口无法纳入省级整村推进规划。如果要完成整村推进的六项任务，每个贫困村需投入50万元左右。要解决云南540万贫困人口的温饱并实现脱贫致富，扶贫资金需求量巨大。更为重要是，自分税制改革后，中央和地方因"财权上移，事权下移"导致云南地方财力不足，加之现行中央转移支付制度的缺陷，必然因扶贫投入不足造成扶贫开发难度加大。

五、深化云南边疆民族地区扶贫开发的建议

(一) 特殊区域与特殊对象相结合

以新一轮西部大开发和建设"桥头堡"战略为契机，积极争取国家层面的支持，进一步推进集中连片特殊困难地区综合开发，加快滇西沿边和哀牢山区、乌蒙山—凉山片区、石漠化地区以及迪庆、大理、丽江、怒江等藏族聚居区扶贫开发进程。按照分类指导、区别对待原则，对贫困程度不同的区域和群体实施差别扶持政策。同时，以深度贫困自然村为基本单元，瞄准最贫困人口较少民族对象，从最贫困的地区和农户开始，锁定帮扶目标，大力推进安居温饱、产业发展、基础设施、素质提高、服务体系建设、整村推进六大工程建设，持续解决深度贫困人口的温饱问题。

(二) 扶贫开发与产业扶贫相结合

实践证明，利用云南自然地理优势，培植地方特色产业，促进产业发展，是增加云南边疆民族地区农民收入，推进扶贫开发的一条重要路径。①应将扶贫开发与发展现代农业紧密结合起来，以市场为导向，通过农业产业结构的调整，形成以龙头企业为带动，以乡或村为单位的地方主导产业和特色产品，如

采取一乡多业、一乡多品、一村一业、一村一品等思路发展具有云南特色的马铃薯、林果、咖啡、药材等产业；同时充分利用民族文化资源发展具有文化产业。②针对云南贫困地区产业发展中市场拓展不够、龙头企业规模小、资金缺乏、经营体制落后、体系不健全等问题，政府要在政策、引导、服务及管理方面加大力度，发挥主体作用。③重点应建立系统、有效的特色产业融资体系。在加大政策性资金投入的同时，通过行业、项目、金融、民间、社会等多种形式，筹措产业发展所需资金。④龙头企业发展应促进农民增收。可采用产业化经营方式，如丽江采取的"公司+基地+农户"扶持产业，楚雄采取的土地入股、农民进厂打工、年底分红等。也可以通过建立示范基地，带领和引导当地农民参与到产业发展中来。

（三）扶贫开发与环境保护相结合

①需要在健全立法体系和整体规划的基础上，依据公共物品理论，建立以政府为主体，多元化的生态补偿投入机制，完善生态补偿评价体系。②改变保护区少数民族传统的生产方式，如佤族、景颇族、独龙族、怒族和基诺族等民族的刀耕火种，把农村发展和生态环境治理与保护有机统一起来，如"猪—沼—果"、"猪—沼—菜"、"猪—沼—药"生态经济发展模式，实现在保护中扶贫，在扶贫中保护。③通过控制保护区人口增长，加大易地扶贫力度等，减轻保护区生态的承载压力。④利用民族地区的传统文化，如民间禁忌和乡规民约，形成持续的自然保护体系。

（四）完善扶贫资金投入管理体系

坚持"政府主导，社会参与，自力更生，开发扶贫"的方针。以政府投入为引导，动员企业、农民、社会其他力量千方百计增加扶贫资金投入。为了避免"低收入均衡陷阱"的出现，政府要在控制人口过快增长的基础上，建立财政扶贫资金长效机制，每年新增扶贫资金增幅应高于财政支出增幅，并通过财政贴息、项目补助、以奖代补等手段，引导全社会增加扶贫投入。扶贫资金要进一步向边远、少数民族、贫困地区倾斜，要鼓励在贫困地区开展村镇银行、小额贷款公司以及新型农业保险试点，扩大扶贫信贷规模，使农村信用社、农业银行、发展银行等支农金融资金顺利进入农村经济发展领域。管理上，应建立健全扶贫资金管理体制，加强扶贫资金的集中管理、投放重点和绩效考评制度，提高其使用效率。

（五）健全公共社会服务保障体系

建立贫困农民社会保障立法体系，完善贫困农村最低生活保障制度，强化政府在社会保障中的投入、管理和监督责任，实现包括养老保险、医疗保险、工伤保险、社会救助等社会保障体系在内的全覆盖，使贫困老人有人养，贫困病人看得起病、有地方医治，失业者有救济等；完善高等学校家庭经济困难学生资助体系，减轻困难学生家庭经济负担，要消除贫困家庭因子女上学导致家庭返贫现象的发生，对贫困农村贫寒子弟上学应通过国家补贴，减免他们的学费，尤其要加大对品学兼优的贫寒学子的资助和奖励力度。

此外，进一步通过文化扶贫、教育扶贫、科技扶贫、劳动力培训、以工代赈、易地扶贫、社会扶贫、国际合作等，也是消除云南边疆民族地区贫困，促进发展的有效方式。

扶贫开发是一项复杂的系统工程，随着国家综合国力的不断提升，人民生活水平的不断提高，一方面，国家应把扶贫开发放在更加突出的位置，担负起相应的国家责任；另一方面，社会各界也应积极投身于扶贫开发的实践中，为实现人类减贫和共同富裕做出应有的贡献。

论文三 农村最低生活保障标准"两轨制"引发的问题

——以云南部分人口较少民族地区为例

摘要： 农村最低生活保障制度在帮助农村贫困人口维持其基本生活方面起到了重要作用。在我国部分贫困地区，最低生活保障对象的确定标准和最低生活补助的发放标准在保障制度的执行过程中并不统一，即执行"两轨制"。"两轨制"在制度执行初期确实曾经发挥了良好的作用，但也因此引发了一系列的问题，随着法律法规、规章制度的建立健全，适时统一标准，有利于这些地区农村最低保障制度的健康发展。

关键词： 农村 最低生活保障 标准"两轨制"问题

农村最低生活保障制度是政府对家庭年人均纯收入低于当地最低生活保障标准的农村困难群众，按照不低于最低生活保障标准给予差额救助的新型社会救助制度。云南人口较少民族大部分居住在我国西部边境地区，远离经济发达城市，自然生产条件较差，绝大部分家庭收入较低。按照国家公布的贫困线标准，这些地区应被纳入到农村最低生活保障范围的人口比例较高，该地区的农村最低保障的实施情况能够部分代表云南乃至全国绝大部分贫困地区的实施状况。在调查走访云南福贡的怒族、贡山的独龙族、芒市的德昂族和陇川的阿昌族的过程中，笔者均发现这些地方存在农村最低生活保障标准的"两轨制"现象。

一、农村生活最低保障标准"两轨制"现象

农村生活最低保障标准"两轨制"是指确定农村最低生活保障对象的标准是一条"轨"，而农村最低生活保障实施的补助标准是另一条"轨"。

农村最低生活保障对象是家庭年人均纯收入低于当地最低生活保障标准的农村居民，主要是因病残、年老体弱、丧失劳动能力以及生存条件恶劣等原因造成生活常年困难的农村居民。云南省规定农村最低生活保障标准不低于国家确定的农村绝对贫困标准。近年国家公布的贫困线标准分别为2007年人均年收入693元，2009年人均年收入1 190元，2012年新确定的标准提高到人均年

收入 2 300 元。按照 2009 年的贫困线标准，截至 2011 年年底云南农村贫困人口有 525 万人，深度贫困人口（低于人均年收入 785 元）有 160 万人。以 2009 年的贫困线标准作为确定云南农村最低生活保障对象的农村最低生活保障标准，意味着有近 500 万人应纳入农村最低保障范围。

由于各地区的物价水平和地方财政情况不同，云南省规定农村最低生活保障标准是由县级以上地方人民政府按照能够维持当地农村居民全年基本生活所必需的吃饭、穿衣、用水、用电等费用确定，并报上一级地方人民政府备案后公布执行。农村最低生活保障标准要随着当地生活必需品价格变化和人民生活水平提高适时进行调整。因此，在具体制定补助标准时，地方政府往往根据资金的配备和物价变化情况确定补助标准和补助人数。2011 年云南省芒市农村生活最低保障资金累计总额为 388 776.9 万元，补助标准为人均 83.67 元/月，共保障农村贫困人口近 403.42 万人。以德昂族聚居地德宏州芒市为例，农村生活最低保障资金由省级财政负担 70%，德宏州级财政负担 9%，芒市财政负担 21%。2011 年芒市农村生活最低保障资金累积总额为 1 923.6 万元，补助标准为人均 70 元/月，分为 60 元/月、70 元/月和 80 元/月三个档次，农村贫困人口 9 万多，共保障农村贫困人口 35 170 人。

农村生活最低保障对象的确定是以国家公布的农村贫困线为依据；而在确定补助标准和补助人数时既未按照农村贫困线补差救助也未按照人均纯收入未达贫困线的人数执行，而是根据资金预算情况和物价变化情况制定补助人数和补助标准，基本脱离了农村贫困线补差执行的原则，即确定农村最低保障对象的标准和具体实施补助标准为两条线执行。这样的"两轨制"引发了一系列问题。

二、"两轨制"引发的问题

（一）选择保障对象难度大，不能实现应保尽保

根据云南省农村最低生活保障对象的规定，人均收入低于国家农村贫困线的农村人口，均应成为农村生活最低保障对象（政府规定的特殊人员除外）。而现实实施状况是由于资金缺口，只能保障部分贫困人口，存在应保未保现象。例如，云南农村贫困人口 525 万人，保障人口仅为 403 万人，仅为应保对象的 76.8%；芒市农村贫困人口 9 万多，能够列入农村保障对象的仅为应保对象的 40%。受限于补助名额，对于同样符合国家最低生活保障补助条件且贫困程度相差不大的贫困人口而言，在确定获得最低生活保障补助名额的过程中，

由于对农民的收入界定缺乏有效的评价标准，受保障群众和非受保障群众难以区分和界定，容易造成未接受保障救助的贫困人口对接受救助贫困人口及村干部的不满。

（二）重视救助广度，而对深度贫困群众考虑不足

受到保障对象名额的限制，各地方政府不得不按照贫困人口数的比例进行分配。这一分配方式表面公平，即贫困人口多的乡镇名额较多，而贫困人口少的乡镇名额相对较少。实际上这一分配方式只考虑到了贫困救助的广度，即救助人数，并未考虑贫困深度。由于补助标准和贫困人口实际收入脱节，这些地方的贫困人口收入远低于其他地区的贫困人口，需要更多的补助资金才能帮助他们解决基本的生活需求。

（三）确定保障对象的监督机制不健全，影响保障效果

部分贫困地区受经济发展水平和财政资金投入不足的制约，存在达到享受低保政策人数高于低保名额的问题。由于"僧多粥少"，在名额分配过程中不能完全避免某些村干部为照顾"人情"、"关系"等，把名额分配给自己的亲朋好友，存在分配不公的现象。对于在执行过程中有失公允的现象缺乏有效的监督机制，容易造成部分群众对少数干部工作的不满，影响干群关系，进而影响保障效果。

（四）为避免矛盾，违背救助政策

为了平衡群众关系，在名额分配过程中少数村庄或社区实行"轮庄制"，即这一年应纳入而未纳入最低生活保障的人员在下一年纳入，替代今年已纳入最低生活保障的部分人员。还有部分村庄或社区为了避免分配矛盾，将名额按户分配，一户一名额，多余的再分给相对困难的家庭。有个别村或社区甚至将最低生活保障资金进行等额分配，家家有份，将农村最低生活保障资金变成了一场"福利盛宴"。这些做法都违背了农村最低生活保障制度的救助原则，违背了保障资金的使用目的，扭曲了这一保障制度的作用，不利于制度的长期实施和长远发展。

三、"两轨制"产生的原因

（一）农村家庭收入核定难

农村家庭既是生产单位又是生活单位，其收支循环通常以年为周期，很少有家庭进行详细的生产成本、生活开支和收入记账核算。加之，农村家庭很多产品是自产自销，其价格难于确定，也就难于将其收入货币化。由此造成农村

家庭纯收入难于准确核定。在农村最低生活保障制度实施过程中，如果要实行差额补助，就需要核实农村家庭的收入。而农村家庭收入难以核定成为了执行"两轨制"的最主要原因之一。

(二) 工作人员和经费不足

在进行农村家庭生活状况的调查和收入的核实过程中，需要投入大量的人力、物力和财力。尤其在这一制度实施的初始阶段，需要进行制度的宣传、解释及对保障对象的登记核实、走访调查等大量的工作。而农村基层绝大部分的工作人员都身兼数职，很多工作都忙于应付，也很难投入过多精力和时间专门从事农村最低保障工作。加之工作经费紧张，虽然云南省对此有专门的制度规定每一名农村最低生活保障对象的工作经费不得低于15元，但实际调查了解的情况是很多部门都没有配备专门的工作经费。

(三) 救助资金配套不足

由于云南是西南边疆农业大省，各级政府财政收入相对较低，而贫困人口较多，农村最低生活保障资金需求较大。保障资金通常是由省级财政通过预算安排专项救助资金、争取中央支持等方式筹集资金，综合考虑州、市的贫困人口数、贫困人口的贫困程度、财政困难程度以及边境、人口较少民族和藏族聚居区特殊情况等因素，分级负担、多方筹措、统筹安排。在现有的补助标准下，由于资金缺口大，很难做到"应保尽保"。按照2012年云南省的补助标准，农村低保对象月人均补助标准由82元提高至94元，达到了国家农村深度贫困线的全额补助标准。如果实行差额补助，对于很多贫困家庭来说，人均补助并不需要如此高的标准。甚至有的家庭可能因为补差过少而放弃申请。这些"节约"的资金不但可以缓解保障对象的"供需"矛盾，而且可以给予深度贫困人口更多的资金补助。现阶段政府还没有公布过与差额补助的资金需求总额有关的统计数据。

四、解决"两轨制"的建议

(一) 适当降低保障标准，实现应保尽保

在保障资金不足的情况下，可以适当降低保障标准，以实现保障农村深度贫困人口为现行目标。如果仍然按照现在的补助标准，由于名额缺口较大，会产生较多的制度和社会矛盾。而在现实执行过程中，很多深度贫困家庭只能分配到一两个补助名额，平均到每个家庭成员的实际补助标准远低于名义补助标准。因此，按政府所能提供的现实保障资金，应以保障农村深度贫困人口为主，适当降低现行保障标准，做到应保尽保。并规定保障标准应按照物价和经济的发展逐年提高，使之逐年接近并最终达到国家贫困标准。

(二) 农户收入自行申报，同时调查核实公示

农村家庭收入核定难似乎已成为实行差额补助的障碍，采用农村最低生活保障的申请者自行申报其家庭收入的方法则可以解决这一问题。在自行申报时可做些关于收入（如种植收入、养殖收入、打工收入）和成本（如化肥、农药、地膜、饲料）等简单的提示，帮助农户回忆和计算其家庭收入。由于国家义务教育的实施，现在农村家庭一般都有小学学历以上的家庭成员，粗略计算其家庭的大概收入和花费是可能的。这种方法在开始实行的头两年，由于估计方法不熟悉，申报人和协助填报人都会觉得申报过程耗时耗力。但执行几年后，熟悉了方法，收入的计算将会变得相对简单。自行申报过程中可能会出现虚假申报的情况。因此，在村民自行申报后，从事最低生活保障工作的人员应尽责尽职进行到户调查，观察其吃、住、衣、行、用和家庭条件，核实能否纳入农村最低生活保障范围，并将其申报内容进行公示。同一地域的农村家庭情况较为相似，大部分家庭从事着相对同质化的生产，能够对家庭的农业收成进行相对准确的估计。通过公示，起到群众监督的作用。对于虚假申报收入的行为，从制度上明确惩罚机制，一经发现严惩不贷，如退回补助资金并取消3~5年的申报权利等措施。通过自行申报，有助于群众了解最低生活制度的实质，避免产生歧义；同时有利于培养村民的诚信意识。自行申报方法从长期来看利大于弊：通过自行申报，使得收入方便核算，进而可实现差额补助。一方面有助于让申请者和监督的群众了解农村最低生活保障制度是政府对于收入低于低保标准的困难群众的一种差额补贴制度的实质；另一方面有助于政府通过采取保护诚信者利益的制度安排，进一步培养农村居民的诚信意识。

(三) 加强保障立法，打击骗保行为

除了在制度上保证农村最低保障资金确实发放给贫困家庭外，需要规定：对于农村家庭收入低于保障标准的家庭，有申请农村生活最低生活保障的权利，同时负有如实申报其收入的义务。对非法剥夺其权利和违反其义务者，在法律上明确其相应的法律责任。确保农村最低保障制度的执行受到法律的保护和监督。对于骗保行为要严厉打击，不仅要求其退回骗取资金，还应给予罚款、限保等行政处罚，对于严重者给予相应的法律惩处。

(四) 招募志愿工作者，补充人员不足

要进行农村最低生活保障的差额补助，在执行伊始可能需要大量的工作人员进行讲解、核实和登记。随着农村低保资料的建立健全，工作量会在一定程

度减少。对于每年对农村最低保障对象的确认工作会呈现出季节性,即大部分地区在年末的时候确定下一年的保障对象,其余时间只会有少量的调整和补充工作。因此,可以通过以下两种途径解决:一是在年末工作量大的时候,由乡镇一级领导组织抽调各部门工作人员协助完成,这些乡镇工作人员对本乡镇情况比较熟悉,工作将比较有效率;二是招募一些大学生志愿者,从而补充工作人员的不足。大学生知识层次较高,接受能力强,对制度学习掌握能力也相对较强,并且有锻炼学习的愿望和充足的假期时间来承担和完成此项工作。大学生志愿者可能面临的最大问题是流动性较大。大学生一旦毕业参加工作,志愿工作将随之结束。因此,一般可以要求大学生志愿者能够坚持两年以上的工作,采用新旧搭配,老人带新人,从而减少培训成本。

五、结论

在农村最低保障制度实施初期,农村最低生活保障标准的"两轨制"对尽快建立和执行保障制度、及时发放保障资金给贫困人口、解决贫困人口的基本生活困难确实起到了重要的作用。但是,随着保障法律法规和规章制度的完善、保障工作的不断推进和深入,有必要适时规范和统一保障对象确定和补助发放的标准,实行差额补助,促进农村最低生活保障制度的健康发展。

论文四　关于云南省生态环境建设与扶贫的思考

摘要：生态环境脆弱与贫困存在互为因果的关系，这也决定生态环境建设与扶贫必须统筹兼顾。本文通过分析课题调研点乌蒙山区及大理州南涧县生态环境建设与贫困之间关系，从既要修复生态系统，又要大力发展生态经济的思路出发，提出建设构建生态工程、打造生态旅游区以及创新劳动力转移模式等具体措施，为切实解决云南省县域贫困及生态环境恶化问题提供政策参考。

关键词：云南省；生态环境建设；扶贫

我国社会经济发展过程中这样的现象十分普遍：贫困群体过度开垦导致水土流失；稀疏草地过度放牧导致草原退化；贫困农民砍树烧薪降低林分质量。由此可见，贫困与生态环境建设存在着一定的关联。贫困往往会造成生态环境的恶化，而生态环境的恶化又使贫困群体生存和发展更为艰难。云南是高原山区省份，山地面积占总国土面积的94%。全省70%的人口和80%的少数民族分布在山区，生态环境的好坏对贫困山区人民的生活和全省的经济建设有着巨大的影响，生态系统的重建与恢复为人们的生产和生活进入良性循环提供了依托，为经济增长和社会的可持续发展奠定了基础。从可持续发展的角度看，生态环境建设步入良性循环不仅有力地促进人地关系的地域系统协调共生的回归，同时对云南扶贫也有着本源性的意义。

一、云南省生态环境建设与贫困的现状

（一）云南生态环境建设的现状

云南省属于高海拔低纬度地区，境内地理环境复杂多样，光、热、水、土、地、气等自然资源的时空分布差异很大。尤其是近几十年来，随着社会变迁、经济不断发展，区域持续开放，片面追求经济利益而忽视生态环境建设甚至以破坏生态环境为代价换取眼前经济利益的现象日益普遍。

1. 云南省生态环境建设的特点

全省国土总面积为39.4万平方千米，山地占比约为94%，山间盆地仅为6%，境内山高谷深，是众多江河的上源和分水岭，省内有金沙江、澜沧江、南盘江等六大水系纵横交错。地理环境复杂多样先天因素，以及自然资源的不

合理利用的人为因素，是导致该省生态环境脆弱的主要原因，生态环境建设亟待加强。

2. 生态环境建设历程

云南省的生态环境建设历程大致可总结为三个阶段：从破坏到边治理边破坏、从单项治理到综合治理、从被动治理到建设与开发相结合治理。

20世纪50年代初到60年代初，为响应"向山要粮"的号召，大面积毁林开荒，长期的砍伐导致护土的植被遭到严重破坏，水土流失十分严重，同时也导致部分物种锐减甚至灭绝。七八十年代，人口的迅猛增长和林产企业的规模采伐，林木锐减，水土流失加剧，农业生产的自然条件进一步恶化，森林覆盖率一度由50年代初期的47%暴减至80年代末的24.7%。90年代至今，由于采取造林绿化、森林资源管理保护、水土流失治理、农田基本建设、草山建设、自然保护区建设等措施，当前森林覆盖率已升至44.29%，生态环境建设取得重大进展。

（二）云南省贫困的现状

由于受自然、社会等多方面不利因素的影响，云南省经济发展较为滞后，贫困面广，贫困程度深，扶贫难度大。尤其是少数民族地区，多为贫困区和生态环境脆弱区，全省民族自治县有78个，总人口占全省总人口的48%。当前贫困人口约为380.23万，占全省贫困人口的56.7%，贫困发生率高达20.6%。其中，阿昌族、怒族、独龙族、普米族、景颇族、德昂族、基诺族和布朗族8个人口较少民族，贫困发生率竟达74.2%，深处云南边疆的8个州（市）25个县（市）的乡村，人口约为138万，处于整体贫困状态。

例如：乌蒙山区是我国集中连片的18个贫困地区之一，也是云南的重点扶贫区。该区贫困农民收入主要来源为农牧业，经济结构单一，贫困深度大。由于土壤贫瘠，加之近年的连年干旱，该区农作物产量低、经济效益差，尤其是秋季作物小麦、土豆、红薯等大多处于"望天收"的状态。统计显示，该区的威信、镇雄、彝良三县，2010年的农民人均纯收入仅为2 745元，仅相当于全国平均水平的46.36%。

二、生态环境建设问题

（一）森林整体质量不高

云南地处我国长江中上游地区，曾经是一个林业资源大省。由于长年的过度采伐，地表植被严重破坏，森林覆盖率曾由20世纪50年代的50%下降到80

年代的25%。近年来，因造林、护林措施的实施，当前的森林覆盖率已回升至44.29%，但因造林时间短，森林整体质量并不高。

以大理州南涧县为例，虽然该县的森林覆盖率达到58.6%，但该区林分质量差，树种单一，次生林多，且分布不均。由于历史原因，过度采伐，森林资源曾遭到严重破坏，因山高坡陡、交通不便，造林难度大，砍伐地难以得到及时更新，除无量山自然保护区核心区残存少量原始林分和近期人工造林外，其他均为次生林分，其中针叶林和针阔混交林占了总林分的94.4%，林分树种单一。这种单一也导致森林抗虫害能力差，一旦遭遇病虫害，便会迅速蔓延，林木质量将受到严重影响。

（二）水土流失严重

云南省地形为高原山区，山高坡陡、沟壑纵横，土层浅薄，加上长期的森林过度采伐，植被破坏严重，水土流失面广，治理难度大，成效不明显。目前云南省水土流失面积占国土面积的36.7%，遍及全省16个州市115个县市区。水土流失最严重的地区为石漠化区，随着人口的不断增加，人们需要更多粮食来维持生存发展。为了缓解人多地少、粮食紧缺的压力，农民不断开垦不宜耕种的陡坡，固土扒土的植被遭到严重破坏，一旦受到雨水冲刷，便引起水土流失，使原本浅薄的土壤变得更为浅薄，最终导致地表基岩裸露，形成石漠化。云南省石漠化的具体情况见下表：

云南省石漠化程度表

石漠化程度	面积（万平方千米）	占石漠化总面的百分比（%）	备注
云南石漠化总面积	0.95		占该省国土面积的2.15%
岩裸率>70%	0.6	61.16%	
30%<岩裸率<70%	0.3	31.58%	
潜在石漠化土地	0.7		占该省国土面积1.87%

从上表中可以看出，云南省总石漠化面积为0.95万公顷，占国土面积的2.15%。基岩裸露率大于70%的石山有0.6万平方千米，基岩裸露率30%~70%的石漠化土地有0.3万平方千米；有潜在石漠化危险的土地为0.7万平方千米。

（三）自然灾害频发

云南省是自然灾害的多发区，主要的自然灾害有崩塌、滑坡、泥石流、霜冻以及干旱等。以地质灾害为例，2011年云南省发生的地质灾害总共为346

起。按灾害类型划分，发生崩塌43起、滑坡234起、泥石流53起、地面塌陷4起、地裂8起、地面沉降4起。其分布情况见下图：

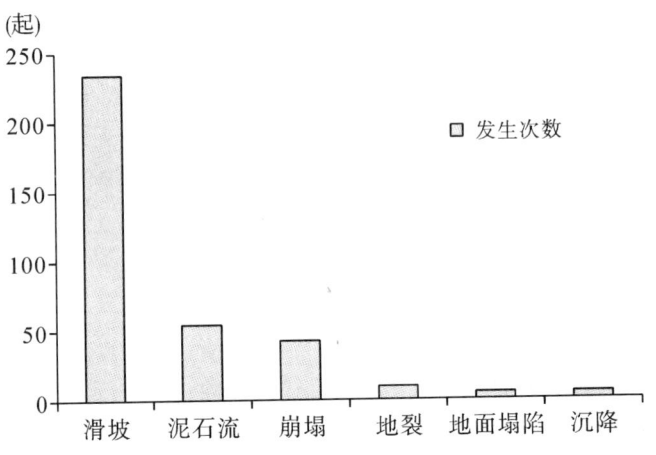

2011年按灾害类型划分的灾害发生情况条形图

按灾害规模划分，发生特大型地质灾害4起、大型地质灾害1起、中型地质灾害18起、小型地质灾害323起。地质灾害共造成17人死亡、5人失踪、27人受伤，直接经济损失2.756亿元。2011年全省16个州（市）均有地质灾害发生，其中迪庆、大理、怒江因自然灾害造成的直接经济损失居全省前三位，昭通、临沧、大理因灾死亡失踪人数居全省前三位。

（四）生态工程建设区域间不平衡

地形、地貌的复杂多样，导致自然资源甚至社会资源空间差异悬殊。云南区域间交通条件差别大，坝区交通较为发达，山高谷深的广大乡村，交通十分不便。以当前的重点工程沼气池的安装为例，现阶段对每户农民安装沼气池的投入资金约为1 000~2 000元。事实上，此项资金并不能满足广大农村的需求。主要原因在于地区间不平衡，也即自然和社会经济条件不平衡。例如，同是安装沼气池，交通闭塞的山区乡村和交通较好的乡镇相比，偏远地区闭塞，交通不便，安装成本远远高于交通便利地区。此外，交通闭塞的地区，经济往往比较落后，贫困户数多，资金需求量远高于乡镇。鉴于扶贫，封闭落后的地区又是生态工程迫切需要推进的地区，恶劣的交通条件和落后的经济状况严重阻碍了生态工程的普及。

（五）人地矛盾突出

云南省山区面积占总面积的94%，坝区面积仅为总面积的6%，山高坡陡，土地贫瘠，耕地资源匮乏，加上人口多，人地矛盾十分突出。

从大理州南涧县来看，该县地处横断山区，山区面积为99.3%，山高坡陡，水土流失面积大，山高缺水，水土潜力难以充分发挥，耕地资源有限，加之人口多，密度大，人口分布密度平均为140人/平方千米，而人均耕地只有667平方米，粮林矛盾、林畜矛盾突出，乱砍滥伐、非法占用林地现象时有发生，生态环境建设面临巨大的压力。而乌蒙山区的一些农村人口密度则更大。在土地贫瘠的地区人口如此密集，人均耕地不足667平方米，且耕地中山地、丘陵面积占85%以上，大片耕地少，坡地梯田多，土层浅薄，产量较低，人地矛盾十分突出。

三、贫困与生态环境建设的关系分析

生态环境恶劣与贫困存在着互为因果的关系。贫困会引起生态环境的破坏，生态环境的进一步恶化又会导致生产、生活条件更加恶劣，因而又成为致贫因素。

（一）贫困是导致云南民族地区生态环境恶化的主要原因

贫困群体大多分布于自然条件比较恶劣的山区，可耕面积狭小，地形复杂，气候多变，区位条件十分不利，能源、交通、水利、通信等基础设施薄弱，科教文卫事业发展滞后，不少地区处于人流、物流、信息流的末梢，传统的生产、生活方式难以更进。迫于生存的需要，最大限度地向大自然获取生活资料成了必然的选择，诸多违背生态规律和经济规律的行为随之产生，生态环境的破坏也就成了必然的结果。

（二）生态环境的脆弱性也是致贫的原因

云南省贫困地区大多处于生态环境脆弱的深山区、高寒区、石山区，恶劣的自然条件、薄弱的基础设施以及社会发育落后等也是致贫的重要因素。乌蒙山区山高坡陡、沟壑纵横、土地贫瘠、自然灾害频发，这种区域封闭、主体薄弱的自然条件又成为贫困的主要原因。

综上所述，贫困与生态环境相互关系的机理为：经济贫困和生态退化具有高度的关联性。生态恶化与经济贫困的交互作用，形成了"生态脆弱→贫困→掠夺式开发→生态环境恶化→生产生活更加困难→贫困深化"的恶性循环。生态脆弱性和经济落后性高度重叠，使贫困区域掉进了"恶性循环陷阱"。总而言之，贫困循环的形成源自客观自然因素、自然过程与主观人为活动因素的综合作用。

四、借助生态环境加快扶贫开发的对策

(一) 全面推进"村容村貌整治"工程

依托现有基础条件,整合资源,围绕饮水、道路、卫生、能源等最紧迫、贫困群体最关心的具体问题,开展受益最直接的小型公益设施建设工程。如改路、改水、改厨、改厕等。

例如,南涧县目前正加大资金投入,增加垃圾车,充分回收利用垃圾,不仅美化了该县的村容村貌,也增加了就业岗位,提高了农民收入,对扶贫具有重要意义。此外,该县还进一步加强新式沼气的示范推广。据有关部门统计,该县每年燃材消耗达4.5万立方米。新式沼气池的不断推广,不仅减少了对森林资源的消耗,优化了农村能源结构,也提高了农村环境卫生质量和人民的生活质量。

(二) 发展特色林果产业

云南复杂多样的自然环境,为发展特殊林果产业提供了得天独厚的条件。特殊林产业不仅能调整农村产业结构,促进农户增收,加快山区农民脱贫致富,还能促进生态环境的改善。要依靠科技,加大资金投入,不断培育特色林果企业。例如,乌蒙山区的核桃、花椒、竹子、油茶有独特的先天优势,要加大这些林果产业的扶持力度,为乌蒙山区生态环境的恢复以及农业经济的长远发展打下基础。

(三) 完善自然灾害生物防御体系

建立了较为完善的自然灾害生物防御体系,尤其是地质灾害的防御体系。如在地质灾害的重灾区构建生物生态工程,在保护区内禁止乱砍滥伐开荒垦地,要营造不同类型的森林,合理地培育灌木林和草本植被,既能扒坡护土,又能提高容易发生自然灾害地区的地表植被覆盖率,使容易发生自然灾害地区的生态环境进入良性循环。在主体防护工程构建的同时,还应注意采取配套的治理工程。如蓄水拦挡工程、支护工程、引水工程、排导引渡工程、停淤工程及改土护坡工程的构建既保障了农业生产,又改善了小流域内的生态环境。

(四) 打造生态旅游大区

生态旅游既保护环境又发展当地经济,是生态环境建设与扶贫兼顾一石二鸟的选择。要最大限度发挥地方生态资源的特色,充分保护尚存原始的生态环境,深度挖掘核心生态旅游资源,不断发展富有地方特色的生态旅游区。以乌蒙山区为例,昭通市的11个县(区)以及曲靖市除陆良、富源外的7个县

(市、区）共 18 个县（市、区）都属于天然林保护工程区，潜在的旅游资源十分丰富。通过旅游开发，变"穷山恶水"为"青山绿水"，化"穷乡僻壤"为"富土饶地"。

（五）进一步改造中低产田

针对人多地少的矛盾，在保证退耕还林的同时，基本口粮田地建设项目规模也要不断扩大。因地制宜，实施坡改良、坡改台、培肥项目，做到改形改土改质相结合。要动员群众广积农家肥，培肥地力，同时大力推广聚土垄作，加厚耕作层，既富集营养又能加快生土熟化释放养分。例如，南涧县目前中低产田改造取得重大成果，2011 年投资 3 083.49 万元，完成中低产田地改造面积 22 682 亩，其中完成小型水利工程 246 件，新建机耕路 20.31 千米，建成排灌沟渠 47.23 千米，新增耕地面积 1 513.67 亩，新增灌溉面积 9 899 亩。作为中低产田改造的示范县，其相关经验值得推广，进一步改造中低产田，为科学地缓和人多地少的矛盾提供了坚实的后盾。

（六）创新劳动力转移模式

一是要创新生态移民模式。对自然条件十分险恶、基本不具备生存条件的地区，坚持自愿原则，在保障搬迁群众基本生产、生活条件的前提下，采取小规模集中、插花安置的方式，就近安置一部分，同时不断跟进科、教、文、卫事业，让移民区基础设施建设不断完善，让移民"迁得出、稳得下、富得起"。二是要创新劳动力培训转移模式。政府要加强产业安置引导和教育培训资助。对贫困家庭劳动力开展务工技能和农业实用技术培训，提高其增收创收能力；同时，还应加大劳务输出部门招聘、培训、护送的必要经费的投入，对家庭十分困难的外出务工人员采取小额贷款形式解决前往路费。

云南省扶贫与生态环境建设要统筹兼顾，这是可持续发展的内在要求。生态环境脆弱的贫困地区，要摆脱贫困的恶性循环，实现真正的脱贫，反贫方式、战略与政策体制需要不断地与时俱进。要立足于自然、文化、生态等资源禀赋，积极引导广大人民，扭转掠夺、耗竭式的开发模式，以生态文明的发展方式谋求人与自然关系的和谐。

论文五　新生代农民工融入城镇化问题研究

摘要： 本文认为，二元体制下城乡分割的户籍制度歧视以及由此带来的劳动低收入、市民化高成本、住房政策和教育文化歧视、社会保障和城市公共服务体系缺失仍然是新生代农民工融入城镇面临的困境。而价值取向、生活方式、心理与素质的变化以及维权意识的增强则是新生代农民工与传统农民工的不同所在。深化城镇户籍、住房、社会保障、教育文化、公共服务体系等领域的改革，畅通新生代农民工的诉求渠道，保障其民主权利，尊重其意愿表达，丰富其精神文化生活，是加快新生代农民工融入城镇，促进城乡一体化的内在要求。

关键词： 新生代农民工；融入；城镇；困境；壁垒；对策

改革开放以来，我国农村劳动力成功地实现了向城镇转移就业，农民工队伍已成为我国城镇产业工人的主力军，他们为中国城镇经济的建设和发展做出了突出贡献。然而，伴随着城镇化进程的加快和城市化水平的不断提高，未完全破除的城乡二元经济社会结构所形成的新的社会矛盾——农民工问题却日益突出。尤其是自20世纪80年代以来，以新生代农民工为主体的农民工队伍除了户口和身份与他们的父兄辈相同之外，其进城的动机、需求、行为、目的以及进城后的生活方式、价值观念已经与传统农民工单纯追求"挣钱"的愿望迥然不同。他们要求平等公平地融入城镇成为居民的强烈愿望与现存的城乡二元结构和城市公共服务体系之间形成了尖锐的矛盾。为了缓解这一矛盾，2010年中央一号文件规定："促进符合条件的农业转移人口在城镇落户并享有与当地城镇居民同等的权益。鼓励有条件的城市将有稳定职业并在城市居住一定年限的农民工逐步纳入城镇住房保障体系。着力解决新生代农民工问题。"这是中央文件首次提出"新生代农民工"概念并进行描述，说明新生代农民工问题已经受到党和国家的重视。本文通过新生代农民工基本状况的描述，着重分析目前新生代农民工在融入城镇化进程中面临的困境，并提出相应对策和建议。文中的新生代农民工是指出生于20世纪80年代以后，年龄在16周岁以上，拥有农村户籍并在城镇就业的人群。

一、新生代农民工融入城镇的基本状况

新中国成立至今，我国农村劳动力融入城镇基本上可以划分为两个大的阶

段：第一阶段，1949—1978 年。在这一阶段，政府实施了严格控制农村人口向城镇转移的政策，因国民经济发展需要融入城镇的农村劳动力，政府则以招工等形式把农村劳动力直接转变为城镇非农业户口，其城镇劳动用工制度带有浓厚的行政色彩，城乡分割的二元经济社会体制以及不平等的户籍制度就是在这一阶段形成的。第二阶段，1979 年至今。这一阶段是农村劳动力迅速向城镇转移就业的时期，即农民工迅速成长的时期。以家庭联产承包责任制为核心的农村改革和乡镇工业的崛起，以及劳动力市场的迅速发展，带来了我国农村劳动力向城镇的大规模转移。

资料显示，从规模上来看，2009 年全国农民工总量为 22 978 万人，外出农民工为 14 533 万人，是改革开放初期的 73 倍，其中 16~30 岁的新生代农民工为 8 952 万人，占全部农民工的 61.6%。如果把 8 445 万就地转移的农民工中的新生代农民工考虑进来，全国新生代农民工总数大约在 1 亿以上，占到农民工总数的 50%。从年龄看，传统农民工初次外出务工的平均年龄为 26 岁，新生代农民工初次外出务工的年龄更低，80 后平均为 18 岁，90 后平均只有 16 岁。从已婚情况看，新生代农民工中已婚者只有 20%左右，而传统农民工占到 80%。从文化程度看，各年龄组中 30 岁以下接受过高中及以上教育的比例均在 26%以上，其中 21~25 岁年龄组中接受过高中及以上教育的比例达到 31.1%。从行业分布看，2004 年农民工在制造业、服务业和建筑业中的比重分别为 33.3%、21.7%和 22.9%；2009 年外出农民工中从事制造业、服务业、建筑业的比重分别为 39.1%、25.5%和 17.3%。从成长经历看，89.4%的新生代农民工基本不会农活，37.9%的新生代农民工没有务工经验，许多新生代农民工没有经历过从农村到城市的变化过程，其成长经历与城镇同龄人趋同。从职业身份看，在新生代农民工中，认为自己是"农民"的只有 32.3%，比传统农民工低 22.5 个百分点，认为自己是"工人/打工者"的占 32.3%，高出传统农民工 10.3 个百分点；在 90 后的农民工中，这一差异更为明显，认为自己是"农民"的仅占 11.3%，只是传统农民工的 1/5，认为自己是"工人/打工者"的占 34.5%，是传统农民工的 2 倍多。另据中国青少年研究中心发布的新生代农民工研究报告，在新生代农民工中，有 55.9%的人准备将来"在打工的城市买房定居"，远远高于 17.6%的农业流动人口整体水平。

从以上数据可以看出，与传统农民工相比，新生代农民工不论是在规模、年龄、成长经历、婚姻状况，还是在文化程度、行业分布和身份期望等方面都发生了显著变化，新生代农民工总量的增加表明他们已成为农民工队伍的主体，年龄偏低和成长经历趋同意味着他们普遍缺少从事农业生产劳动的经历，且其思维、心智、心理、观念正处于不断发展变化中，职业身份的变化和融入城镇转为居民的强烈愿望就是这种心理和观念变化的行为表现，未婚比例的提高则意味着他们在外务工期间不仅需要获得较高收入以解决在购房等方面所需要的庞大支出，而且还要解决从恋爱、结婚、生育到子女上学等一系列人生问题，文化程度和行业分布比例的变化则反映出新生代农民工职业技能水平的提高以及对职业收入和职业环境的较高期望值。

然而，由于受现行城乡分割二元体制带来的不平等户籍和不包括农民工在内的城市社会公共服务体系的约束，使得新生代农民工无法向城镇居民那样分享到政府在住房、就业、医疗、保险、子女教育等方面提供的社会服务，无法真正融入城镇转为居民并享有和城镇居民平等的待遇，这便是他们进入城镇却又难于完全形成认同感并找到社会归属感的真正根源。

二、新生代农民工融入城镇的困境

新生代农民工是伴随改革开放进程成长起来的一代，他们对城市的认同感要远远高于农村，并且迫切地想要融入城镇化进程，但最终无奈于制度的藩篱。与此对应的是，他们如果想要退回农村，又缺乏农民应有的技能和吃苦耐劳的品质，这就从客观上造成了新生代农民工游离于城乡的两难困境。

（一）户籍歧视仍是新生代农民工融入城镇的"制度壁垒"

在国外，户籍管理一般只具有民事登记和统计人口信息的功能，而我国的户籍制度却与就业、医疗、保险和教育等利益紧密挂钩，诸多的附加利益和户籍管理一起，形成了城乡人口等级分明的二元结构。在这种制度框架内形成的农业户口与非农业户口、城镇人口与乡村人口的区别，必然导致不同的管理制度，即限制农村人口向城市流动，最终造成新生代农民工身份与职业角色的背离，以及占工人总数 2/3 以上的农民工在就业、社保、培训以及子女教育等方面的区分和歧视。我们知道，新生代农民工从事的是工人职业，身份却是农民，非城非乡的身份之惑让他们的处境十分尴尬。目前，虽然一些地区（如广州、深圳、上海等）都不同程度地进行了户籍制度改革，加大了财政投入，出台了许多具有积极意义的新政策、新措施，但如果由户籍制度衍生而出的就业、医疗、保险、教育等制度不与户籍制度彻底剥离，那横亘在新生代农民工面前的天堑沟壑就无法消除，要想获得城镇居民户口"通行证"的愿望就难于实现。可以说，如果二元化户籍制度不能从根本上被破除，"城乡壁垒之惑"、"新生代农民工身份之惑"、"就业歧视之惑"、"公民权平等之惑"就会依然延续,所谓"推进城镇化进程"、"城乡一体化发展"就仅仅是空中楼阁、美好愿景而已。

(二)收入低、市民化成本高是新生代农民工融入城镇的"经济壁垒"

受制于户籍、自身素质与职业技能,新生代农民工往往从事层次较低的行业,收入水平普遍偏低。深圳市总工会 2010 年 7 月发布的新生代农民工调查结果显示,和传统农民工一样,新生代农民工大多就职于制造、建筑、零售等劳动密集型行业,普工、营业员等占被调查人数的 52.4%,高级技工所占比例较低,从事管理类职位的比例甚至低于传统农民工。他们的月均工资只有 1 838.6 元,约为该市在岗职工工资的 47%,只够维持最低生活水平。偏低收入水平的直接影响是他们没有经济能力享受正常的社会和家庭生活,而由低收入衍生而来的如婚姻危机、劳资矛盾恶化、社会稳定、犯罪等社会问题,则是农民工群体追求社会生存条件的必然表现。

与低收入相对应,市民化成本过高同样制约着新生代农民工走进城镇、融入城镇的步伐。2010 年 10 月发布的《中国发展研究基金会报告》显示,中国当前农民工市民化的平均成本在 10 万元左右。这意味着中国未来每年为解决 2 000 万农民工市民化需要投入 2 万亿元,这对政府、市场和新生代农民工来说都是一个不小的数字。首先,对于社会公共支付部分(大约每年 1.2 万亿),有建言者认为可以由中央和地方政府根据现有资源按比例纳入财政预算逐步解决。但问题是,这部分成本大多属于一次性投入,要把这么大一笔投入纳入政府财政,并且连续执行 10 年,其难度可想而知。其次,对于包括农民工市民化的土地、基础设施和部分住房成本的市场支出部分,许多学者认为市场的参与可以缓解政府的压力,但实际上这句话只讲对了一半。我们知道,市场投资讲究的是利润回报,只有有利可图,市场运作才会成功。市场参与的结果必然把压力转移到新生代农民工身上,如商品房价格推高等。最后,对于包括日常生活、就业成本、个人培训、子女就学、医疗、社会保障、维权等的个人支付部分,新生代农民工也难于承受。以子女教育问题为例,2009 年美国 MIT 斯隆管理学院和中山大学的联合调查表明,城镇中的农民工有 1/3 的消费支出用在了子女教育上,而这一比例在美国可能是一个中上层家庭在私立学校的消费支出比例(美国的公办教育属公共产品,几乎不收费)。因此,对于收入本身就较低的新生代农民工来说,城镇并没有为他们提供应有的公共产品(包括医疗、住房、教育、社保等)以降低他们的城镇化成本;相反,过高的个人支出在无形之中与低收入一起构成了摆在新生代农民工面前极具现实意义的"经济壁垒",成为限制他们融入城镇的巨大阻力。

尤其值得注意的是，当前新生代农民工融入城镇还面临着另一大"经济壁垒"——住房。全国总工会的调查显示，目前农民工人均居住面积不足4平方米，按照家庭形式居住的只占23.3%，且有相当一部分还居住在"脏、乱、差"的"城中村"环境中。而与此相对应的是，2006年3月《国务院关于解决农民工问题的若干意见》发布后的调查发现，许多省会城市都将农民工购房在60平方米之上作为落户条件之一。加之房产市场每平方米数千元、上万元甚至十几万元的房价对于收入微薄却追求消费质量的大多数新生代农民工来说，要想在城中购买到住房几乎是不可能的。这种以货币构筑的住房壁垒对出生于普通农民家庭的新生代农民工来说仍然是难以逾越的鸿沟。不可否认，当前许多城镇正在尝试扩大廉租房和公租房的供给规模以满足新生代农民工的需求，但如果平等的城镇住房保障体系不建立，那么包括新生代农民工在内的所有农民工要想在城镇"安居"的梦想就不可能完全实现，他们仍将面临候鸟式的工作和生活处境。

（三）机会不平等是新生代农民工融入城镇的"社会壁垒"

由于现存户籍制度下的新生代农民工并不拥有与城镇居民相同的平等权利，由此带来的是新生代农民工在就业、社会福利、医疗、子女教育、职业培训等领域的机会不均等，这种不平等机会决定了新生代农民工依然被排斥于都市社会生活之外。由此可知，他们即使能够"安居"，也不能"乐业"。

（1）就业机会不平等。就业是民生之本。对于城镇居民来说，经过多年改革，国家连续出台的就业保障和就业福利措施让他们享受到了政府在失业救济、再就业培训、创业扶助等方面提供的实惠，降低了他们的失业风险。但对于农民工来说，国家面向他们的就业政策才刚刚起步，且极不完善，涉及的范围也仅限于清理工资拖欠问题和改善就业环境等，工资歧视、雇佣歧视、职业歧视等不平等待遇依然存在，至于就业福利就更无从说起。

（2）社会福利保障缺失。《中华人民共和国宪法》和《中华人民共和国劳动法》规定，劳动者享有同等的社会福利保障权，但目前新老农民工仍被游离于现有社会保障体系之外。广州大学2010年的《新生代农民工调查》显示，新生代农民工中将近一半没有参加城镇社会保险，1/3以上没有参与城镇失业保险。大多数人只有一两项非均衡的、水平极低的社会保障，而在医疗、公共福利等方面更是没有什么保障可言。加之具有区域性的不易流动的社会保障和户籍制度的限制，导致了新生代农民工不能在区域间和城乡间平等地享受社会保障。

（3）婚姻问题和子女教育问题突出。在婚姻问题方面，对于未婚的农民工来说，职业角色和经济条件是两个主要制约因素，由于他们的职业层次较低，收入不高，相互之间缺乏信心和感情基础，难以相恋，并且一定的城镇经历也让他们中的很大一部分人都想在城镇居民中找到另一半，婚恋观念也由传统的"能过日子"、"勤劳"、"老实"向"谈得来"、"感情好"、"体贴"、"有共同语言"、"相貌俊"等现代择偶标准转变。而对于已结婚的新生代农民工来说，长期的分居生活导致的婚姻维持困难等社会问题将不可避免。在子女教育问题方面，相比较而言，新生代农民工对下一代培养显得格外重视，有的甚至近乎苛刻。然而，调查显示，只有1/3的农民工把子女带在身边上学，另外2/3农民工的子女被留在农村上学，并且就这1/3跟随父母上学的农民工子女中也只有1/8能享受免费义务教育，而不能享受免费义务教育的子女则要面对高额的教育开支，其比例大约为他们父母消费开支的1/3。由此可以看出，如果新生代农民工要完成市民化的转变，那么子女教育及其费用问题就是亟待克服的重大障碍。

（四）心理和文化素质差异是新生代农民工融入城镇的"精神壁垒"

身份是农民、工作角色是工人的尴尬处境，将不可避免地造成新生代农民工消极的社会心理。这主要表现为自卑心理、自闭心理和不满情绪。与城镇同龄人相比，他们的文化程度相对较低，就业层次不高，经济条件较差，不适应城镇的生活节奏，交往圈子狭窄，不善于与市民打交道，因自卑和自闭而难以融入社区。与此同时，城镇居民的排斥心理、国家以及当地政府的权益保护制度缺失和新生代农民工在职业技能、职业素养以及自身行为规范方面的欠缺都在心理和素质上促成了他们融入城镇的艰难。在精神文化生活方面，与传统农民工相比，新生代农民工的精神文化生活有了一定变化，如数量增加、种类多样化，但总体上仍比较单一、匮乏，消费水平较低和消费能力不足的现象依然存在。

三、新生代农民工融入城镇的对策和建议

上述分析表明，新生代农民工融入城镇化进程中的困境，既有历史累积问题，也有现实面临的困难；既有制度制约的局限性，也有观念素质的差异性；既有收入成本的相互掣肘，也有机会困难的相互博弈。因此，在妥善解决这些困境时，应从全局和长远的角度出发，从制度体系入手，坚持以人为本，逐步破除门槛，提升服务水平，促进新生代农民工全面发展，积极稳妥地让新生代农民工"走进"城镇。

(一) 采取过渡措施，逐步解决新生代农民工的落户问题

中央明确提出积极稳妥地推进城镇化，把符合条件的农业人口特别是新生代农民工转变为城镇居民，为新生代农民工融入城镇指明了方向。首先，积极采取过渡措施，逐步剥离附加在户籍制度上的就业、医疗、保险和教育等利益，建立城乡统一的福利保障体系；以中小城镇和小城镇作为重点，降低准入门槛，积极引导人口迁徙流动和安居；以大城市和中等城市为依托，积极采取积分制落户的办法，把文化程度、职业资格或专业技术、工龄、社保缴纳及其年限、参加社会服务、城镇贡献等作为积分内容。其次，大力推广居住证制度，允许农民工保留农村户籍，持有城镇居住证的农民工可以在就业、医疗、保险、子女教育、公共福利方面获得与市民同等的待遇。最后，大力发展县域经济，改善县城和中心镇的就业创业条件和居住环境，加强公共服务建设，提高综合承载能力，促进新生代农民工向中小城市和小城镇集聚，就地实现其城镇化。

(二) 完善住房制度，把新生代农民工纳入国家住房保障政策体系

众所周知，"安居"才能"乐业"。政府在完善新生代农民工住房保障制度时应从四个方面入手：一是健全农民工住房公积金制度，遵循"低水平、多层次、广覆盖"的原则保证每个新生代农民工都有机会进入住房公积金体系；二是建立农民工住房补贴制度，根据农民工收入和住房状况，提供住房补贴；三是拓宽国家保障性住房建设的资金来源，增加国家保障性住房用地供给，保证向新生代农民工供给保障性住房数量；四是剥离户口和国家保障性住房的联系，使有条件的新生代农民工有资格享受到国家保障性住房。通过以上四个制度的完善和实施，把新生代农民工住房纳入政府廉租房、经济适用房、限价商品房等国家住房保障政策体系中统筹考虑和安排。

(三) 突出新生代农民工的特点，全方位编织就业保障网

政府应从务实的劳动力市场、专业的职业技能、基本的职业素养、就业层次、就业歧视等问题入手，突出新生代农民工文化程度较高、职业技能缺乏、就业观念变化等特点，全方位编织新生代农民工的就业保障网。一是建立城乡统一的劳动力市场，公开就业信息，统一就业管理。所有劳动力市场应对农民工一视同仁，平等对待。同时，积极疏导信息交流渠道，构建劳动力供需网络，将新生代农民工统一纳入政府和市场管理体系，建立"培训—就业—维权"的工作模式。二是建立公平的就业培训制度，积极完善政府、企业、个人参与的就业培训措施。建立由政府主导的免费或者低费用的培训机构，并对参与培训的农民工给予一定补贴；企业可以根据自身发展需求积极为新生代农民工提供各种培训机会,以提升他们的技能;新生代农民工也可以根据自身条件和爱好自主选择由政府、企业或市场提供的培训机会。三是完善就业法律保障。所有用人单位的法定代表人或者责任人,应依照劳动法与农民工签订劳动合同,认真履行相关义务。遏制就业歧视、同工不同酬、恶意欠薪等违法行为,使他们在就业机会、薪酬待遇等方面享有平等的权利。

(四) 完善社会保障制度,维护新生代农民工合法权益

为了维护新生代农民工的合法权益,进一步完善农民工社会保障制度,必须做到以下几点:一是多渠道改革医疗保险制度。新生代农民工可以随用人单位一起参加医疗保险,用人单位和个人参照工资比例缴纳医疗保险金;或者由用人单位独自缴纳医疗保险金,让农民工享受到单位统筹的医疗保险待遇;有条件的新生代农民工也可以以个体劳动者的身份投保。二是向新生代农民工扩展失业保险范围,用人单位必须参加失业保险,由用人单位和农民工共同缴纳失业保险费。同时保险机构建立相关的参保记录,便于跨地区转移。三是完善养老保险措施,做到老有所养,用人单位在同新生代农民工签订劳动合同时,应按规定参加企业基本的养老保险,缴纳基本养老保险费。同时,企业职工的养老保险可以在一定范围内转移和接续。四是完善农民工子女教育保障措施,让他们在入学、升学、素质评定、荣誉奖励等各方面享有与城镇居民子女同等的受教育权利。

(五) 拓宽民主参与渠道,丰富精神文化生活,构建新生代农民工和谐发展氛围

一是各地政府应按比例将新生代农民工纳入党代会、人大和工会职工代表大会,拓宽他们参政、议政的政治渠道。二是畅通城乡统一的政治诉求渠道,以人为本,一视同仁,保证新生代农民工诉求能得到重视和妥善解决。三是推行政府指导、社区实施、社会团体帮助的精神文化关怀体系,积极开展社会公德、法制宣传、安全知识宣讲、医疗知识普及、文化教育和文体活动,合理降低工作和精神文化时间比,引导和吸纳新生代农民工加入各种文化、体育、工会等社会组织,使他们能主动、积极地融入城镇社区,以疏解他们的不满情绪和自闭自卑的心理。四是加强思想教育和法律宣传,为新生代农民工树立正确的婚姻观念。对未婚的新生代农民工可以在政策上给予一定投入,并提供多样化的服务;对已婚的新生代农民工,可以积极开拓以家庭为单位的城镇融入方法,从制度层面给予安排。

论文七 边疆少数民族地区农业产业支撑体系的实践与探索
——以云南保山隆阳区为例

摘要： 在城乡二元结构条件下实现城乡统筹及城乡一体化发展，其根本途径在于农业产业化，而农业产业化的基础又在于农业产业支撑体系的构建。本文通过云南保山隆阳区农业产业支撑体系实践过程的分析，揭示了农业产业支撑体系建设的制约因素，进而说明农业产业支撑体系的建设不仅体现现代农业发展的一般规律，而且还具有西部边疆民族地区的特殊性。

关键词： 隆阳区；农业产业；支撑体系

云南省保山市隆阳区是一个典型的农业大区，素有"滇西粮仓"的美誉。近年来，隆阳区切实把"三农"问题放在突出位置，积极推进农业产业化、城乡一体化进程，大力发展农业生产，培育壮大龙头企业，创办和发展农村合作经济组织，取得了显著成效。2010年，全区实现农业总产值48.2亿元，农民人均纯收入4 090元，粮食播种面积88.97万亩，产量39 537万千克，单位产量居云南省第一位，人均占有粮食415千克，居云南省前列；农业产业化经营组织达到86家；新型农村合作经济组织235个。然而，投入不足，基础薄弱，发展水平不高，组织体系不严密，布局和结构不合理，农业科技创新和运用落后，良种体系不够完善，农产品加工流通滞后等问题，仍然制约着农业产业的发展。在新形势下，如何因地制宜，突出特色，变自然优势为产业优势，加快农业产业化发展步伐，强化农业产业支撑体系建设，隆阳区进行了有益的实践与探索。

一、隆阳区建设农业产业支撑体系的实践过程

产业支撑体系是一个集产业思想创新、主导产业和辅导产业协调发展、产业集群发展、政府公共管理、资源优化配置等为一体的综合体系。改革开放以来，隆阳区农业产业支撑体系的实践经历了起步和发展两个阶段。

（一）第一阶段：起步阶段（1978—2005年）

1978年党的十一届三中全会做出了把工作重点转移到社会主义现代化建

设上来的战略决策,并出台了一系列支农惠农政策,在中央的宏观大政方针指导下,隆阳区的农业基础设施建设、农产品流通、农业生产科技运用等有了较大改善和提高。一是基本农田设施得到改善。隆阳区于1986—1990年开展商品粮基地建设,1990—2001年开展滇西农业综合开发,据统计,1996—1998三年总投资1 547万元实施农业综合开发。通过实施改善灌溉条件、改造中低产田等措施,加强了基本农田整理工作力度,耕地质量有所提高。二是农业科技得到推广。隆阳区于1979年、1982年、1984年分别建成芒宽杂交水稻制种基地、贾官杂交制种基地、汉营稻麦常规良种繁育基地,提高了良种繁育能力和良种推广覆盖率。三是积极围绕国家新一轮西部大开发、农业综合开发,以及国家、省优势产业发展规划,积极申报相关项目。隆阳区蚕桑良种繁育基地建设、隆阳区10万亩优质水稻基地建设等重大项目获得立项批准实施。

(二)第二阶段:发展阶段(2006年至今)

2006年以来,隆阳区抓住"工业反哺农业、城市支持农村和多予、少取、放活"的历史机遇,农业产业进入快速发展时期。一是农业生产投入不断增加。到2008年,区级财政投入支农专项资金6 979万元,比1978年增加6 906万元,增长94.6倍。二是落实好中央强农惠农政策。2005—2008年,兑现良种补贴、农业综合补贴、农机购置补贴、渔业石油价格补贴等资金8 788.68万元。三是农业科技政策和农业科技得到落实和推广。开展了10万亩吨良田建设、水稻稻瘟病大面积持续控制、玉米新品种海禾1号示范推广等工作,农业机械推广运用也得到加强。四是积极推动农业品牌化发展。利用中国保山南方丝绸古道商贸旅游节、澜沧江啤酒节等重大节庆活动,为农业企业搭建招商销售平台,优势农产品区域初步形成。此外,政府在农业产业化扶持、农产品质量安全方面也加大了工作力度。

二、隆阳区建设农业产业支撑体系取得的成效

(一)农业基础设施建设明显改善,生产能力显著提高

通过实施农业综合开发、土地整治、现代烟草示范区、吨粮田建设、水利设施建设、石漠化治理等一系列项目,改善了农业生产条件,共建成各类水利工程29 146处,新增有效灌溉面积6.56万亩,改善灌溉面积26.72万亩,有效灌溉面积累计达51.72万亩。同时,农业机械化程度得到一定提高。

(二)农业产业布局日趋合理,龙头企业带动明显

"十一五"以来,隆阳区按照"规模化发展、标准化管理、市场化运作"

的农业发展思路,积极培育和扶持产业化龙头企业。已初步形成了包括12个烤烟和香料烟品种在内的产业布局,农业产业化经营促进农户增收、农业增效的带动作用初步显现。现有省级龙头企业11户、市级龙头企业13户,龙头企业的发展壮大,推进了农业产业化经营进程。

(三) 政府对农业的支持力度加大,农业产业支撑体系建设得到加强

一是初步形成了以农业科研院所、龙头企业、农技推广机构、农民专业合作经济组织为主体的科技创新体系、技术推广体系和农民科技培训体系。二是初步形成了完善动植物病虫害监测预警、检验监督、控制扑灭、技术支撑以及物资保障系统,重大动植物病虫灾害防控能力显著提升。三是初步建成了专业设置合理、技术手段先进的检验检测体系,农产品生产过程、加工运输及市场准入等关键环节的检验检测水平明显提高。四是初步形成了以监测预警、市场监管和公共信息服务为主要内容的农业农村经济信息系统。

三、制约隆阳区农业产业支撑体系发展的主要因素

(一) 内部因素

1. 农业产业布局不合理,有待进一步调整优化

农业产业和产品结构雷同,布局分散,资金整合程度低,农产品比较效益低,资源比较优势未得到充分发挥。受市场和资源的双重约束,产业调整优化难度大,产业布局不合理,产业争地现象日益凸显,产业发展难以向最佳适宜区集中,规模化、集约化的布局和发展步履艰难,优势难以发挥。

2. 产业化经营水平不高,特色优势难以体现

农业龙头企业总体上数量不少,但加工规模不大、加工技术相对滞后、特色农产品处于原料型阶段,优势难以体现,辐射带动能力不强。农业产业化水平低,组织化程度低,普遍存在管理粗放、成本高、质量差、附加值低、农产品加工深度和资源利用率不高等问题。

3. 优势农产品市场开拓不够,市场信息建设滞后

优势特色农产品品牌意识淡薄,不注重产品形象包装和广告宣传,影响了产品的市场竞争力和资源的有效开发,大部分农产品无法实现由优势农产品向品牌产品过渡。另外,绝大多数优势农产品营销网络和市场信息网络建设滞后,影响和制约了产品的市场占有率和竞争能力。

4. 农业产业体系不健全,产业政策不配套

政府对农业的扶持力度还不够,大部分优势特色农产品的品种培育、基地

建设和区域布局仍停留在起步阶段。虽然国家推出了一系列农业产业优惠政策，但因农产品价格联动机制不健全，农业生产资料价格居高不下，农产品价格相对较低。

5. 农民组织化和社会化服务程度不高

农民组织化程度的高低直接影响着农业产业化的水平，单个以家庭为单位的传统经营模式已不能适应发展现代农业的需要。农民组织化程度不高，农民主动开拓市场、增强市场意识、抓市场信息的能力还不够，部分农民专业合作经济组织作用的发挥不充分、运作不规范等问题依然存在。

此外，耕地质量不高，中低产田地比例偏大，基础设施薄弱，尤其是水利化程度低也是影响隆阳区农业产业发展的因素之一。

（二）外部因素

1. 传统的农本思想有待进一步转变

由于隆阳区地处云南西部欠发达边疆少数民族地区，工业发展还处于起步发展阶段，农民的生产、生活对土地的依赖性较大，多数农民还没有完全摆脱计划经济时代的传统农业生产观念，缺乏创新意识、规模经营意识和竞争合作意识，宁愿满足自给自足的保障性生产，也不愿充分利用土地资源与龙头企业进行合作。部分农民更相信传统的种植经验，对新的生产方式和新科技难以接受。

2. 政府的公共管理职能有待进一步加强

隆阳区作为传统的农业大区，农产品市场的发育程度不高，农业产业的发展和产业化水平的各子系统对政府的依赖程度还非常高。政府如何结合农业产业发展实际，在产业的布局、发展规划、基地建设、财政金融政策等方面给予帮助和支持仍然是亟待解决的问题。

3. 产业发展不平衡问题有待进一步协调

合理的产业结构要求产业之间相互协调发展。只有这样，才能把束缚在土地上的剩余劳动力转移到第二、三产业上来，才能从根本上解决农业产业化发展中的土地集约化经营问题。据统计，2011年，隆阳区三次产业结构比重为26.3∶33.4∶40.3。从宏观上看，其结构较为合理，但由于人口基数大，2011年年末总人口90.53万人，80%以上在农村，第二、三产业吸纳劳动力就业有限，从客观上制约了农业产业化经营的水平。

4. 农地流转的保障机制有待进一步规范

农地流转是盘活农民土地，促进农村经济社会发展的必然选择。目前隆阳区土地流转仍然存在着运作体系和服务平台不健全，流转的层次不高，渠道不畅；农户之间的土地流转不规范，口头协商，自发、无序流转现象比较突出；一些农户即使签订了合同，但对双方的权利与义务、违约责任等缺乏明确具体的规定，有的合同未经管理机构审查、签证或公证机关公证，如果双方出现纠纷仍难以解决。

四、完善隆阳区农业产业支撑体系的对策

（一）创新农业产业支撑内在机制

1. 树立工业化发展理念

牢固树立用抓工业化的思路、机制和方法来谋划农业的理念，创新发展思路，增强竞争意识，用新的观念、方法和措施，用发展的眼光、正确的政策、开放的市场来推动农业产业化发展步伐。彻底改变小而全的农业产业格局，把工业的管理理念、生产方式、组织形式、营销手段等引入农业，推进农业企业化和现代化进程。

2. 突出培育龙头骨干企业

紧密结合云南发展高原特色农业的战略，按照"发展一个产业、建设一个基地、培育一个龙头、创立一个品牌"的要求，围绕重点产业发展目标，引进和建设一批产权清晰、权责明确、管理科学、技术先进、实力雄厚的龙头企业，更好地发挥龙头企业在市场开拓、基地引导、加工增值、科技创新、标准化生产等方面的带动作用。同时，发挥区域特色优势，把蔬菜、咖啡、畜产品、油料、林产品、中药材等培育成为国家级和省级重点龙头企业。

3. 发展壮大合作经济组织

继续发展壮大和建立合作经济组织，引导龙头企业与农户建立自愿平等、利益共享、风险共担的利益机制，指导龙头企业完善委托生产、入股分红、利润返还等方式，密切与农户的经济利益联结关系，形成"公司（能人）+基地+合作社+农户"的产业发展模式，使各类专业合作经济组织成为沟通龙头企业与农户之间的桥梁和纽带，成为农民有组织走向市场的风向标。

4. 努力构建六大支撑体系

一是构建农产品质量安全监管体系，全面提高农产品的品质和市场竞争力。二是构建农业基础设施和生态保护体系，推进农业生产基地化、生态建设产业化、产业发展生态化进程。三是构建投融资担保体系，着力解决农业产业化发展融资难的问题。四是构建开放的招商引资体系，抓住新一轮西部大开发、云南实施"两强一堡"战略、沿海地区产业梯次转移的机遇，积极开展

对越经济技术交流与合作，不断增强农业产业发展新活力。五是构建市场信息流通体系。六是构建农业技术服务体系，为农业产业化发展提供技术支撑。

5. 加快实施三大保障措施

一要按照发展现代农业规模化、规范化、专业化的要求，建设一批专业村、专业户，实现区域化布局、专业化生产、规模化发展目标。二要强化科技运用和推广。突出抓好良种的引进、试验、示范、推广，以及优势农产品无公害、标准化种养生产和加工的技术，推动标准入户和产地品牌的创立。三要建立和完善以绿色证书、新型农民培训工程、农业科技进村入户示范工程为主的农民技术培训教育体系。

(二) 优化产业外在环境与保障体系

1. 创新产业思想体系

按照云南省建设山地城镇的要求，树立大农业的理念，统筹城乡产业发展，推动城乡发展一体化进程，努力实现农业化、工业化、城镇化和商贸旅游国际化协调发展。

2. 完善公共管理体系

一是要准确定位政府角色，转变政府职能，打造服务型政府；二是要完善产业政策。农业产业政策的制定应有利于巩固和加强农业基础地位，有利于加快发展高新技术产业，有利于发展循环经济，有利于促进产业结构升级。

3. 健全法律保障体系

一是要细化有关农业产业发展的法律法规，提高可操作性；二是要加强法律人才队伍建设，引进和培养一批农业执法专业人才。

第七章 调查问卷

专题一：对在家务农的农民基本生活支出和收入调查问卷

一、基本资料调查

所属县、市、村		性别	
年龄		家庭人数	
农业劳动力人数		外出劳动力人数	
当地人均耕地标准		家庭自有耕地	
租赁耕地		家庭总耕地	

二、2012年农耕活动的具体流程及投入

1. 第一季作物：_____　　　　种植面积：_____亩

种植前（旋地、翻地等，人力、机械等服务）	元/亩
耕地（人力、机械等服务）	元/亩
种子投入（单价）	元/亩
化肥投入	元/亩
农药投入	元/亩
浇地灌溉投入	元/亩
收割投入（人力、机械等服务）	元/亩
农机具投入	元/年
其他燃料投入_____	元/亩
其他工具等物资投入_____	元/亩
产出（单位产量，单价）	元/亩

续上表

补贴收入	元/亩
备注	

2. 第二季作物：_____　　　　种植面积：_____亩

种植前（旋地、翻地等，人力、机械等服务）	元/亩
耕地（人力、机械等服务）	元/亩
种子投入（单价）	元/亩
化肥投入	元/亩
农药投入	元/亩
浇地灌溉投入	元/亩
收割投入（人力、机械等服务）	元/亩
农机具投入	元/年
其他燃料投入_____	元/亩
其他工具等物资投入_____	元/亩
产出（单位产量，单价）	元/亩
补贴收入	元/亩
备注	

3. 第三季作物：_____　　　　种植面积：_____亩

种植前（旋地、翻地等，人力、机械等服务）	元/亩
耕地（人力、机械等服务）	元/亩
种子投入（单价）	元/亩
化肥投入	元/亩
农药投入	元/亩
浇地灌溉投入	元/亩
收割投入（人力、机械等服务）	元/亩
农机具投入	元/年
其他燃料投入_____	元/亩
其他工具等物资投入_____	元/亩
产出（单位产量，单价）	元/亩
补贴收入	元/亩
备注	

三、在家务农的农民基本生活支出和收入调查表

年度/项目	细分项目	2009 年	2010 年
基本生活支出	日常食品支出		
	日常穿用支出（包括烟、酒等）		
	交通支出		
	子女教育支出		
	个人教育支出		
	医疗支出		
	社会保障支出		
	人情费		
	其他基本支出		
	其他突发性支出		
农业生产支出	农业资本投入（借款利息）		
	农业物资投入		
	农业土地投入（租金）		
	农业人力投入		
	其他		
养殖生产支出	养殖资本投入（借款利息）		
	养殖物资投入		
	养殖土地投入（租金）		
	养殖人力投入		
	其他		
收入	种植收入		
	养殖收入		
	种粮补贴收入		
	种子补贴收入		
	农机具补贴收入		
	其他		

专题二：对在家务农的农民的定性调查问卷

1. 请问您为什么选择在家务农，而不外出务工？

2. 在家务农是否满意？最满意的是哪些方面？哪些方面不满意？

3. 在家务农的最大困难是什么？最大支出是什么？

4. 近十年有没有外出务工？为什么不外出务工了？

5. 以后是愿意继续在家务农，还是外出务工？为什么？

6. 如果在外务工条件哪些方面改变会再次选择外出务工？

7. 如果要继续在家务农，最希望改变的是什么？

专题三：外出务工农民基本生活支出和收入调查问卷

一、基本资料调查

所在工作单位		工作内容	
是否签订合同		工资水平	
所属县市村		性别	
年龄		家庭人数	
外出劳动力人数		农业劳动力人数	
当地人均耕地标准		家庭自有耕地	
租赁耕地		家庭总耕地	

二、外出务工农民基本生活支出和收入调查表

年度/项目	细分项目	2011年（元/年）	2012年（元/年）
基本生活支出	日常食品支出		
	日常穿用支出		
	住宿支出		
	交通支出		
	子女教育支出		
	个人教育支出		
	医疗支出		
	社会保障支出		
	人情费		
	其他突发性支出		
	其他基本支出		
	其他		
收入	打工收入		
	其他		

专题四：对外出务工农民的定性调查问卷

1. 请问您为什么选择外出务工，而不在家务农？

2. 在外务工是否满意？最满意的是哪些方面？哪些方面不满意？

3. 是通过什么方式出去工作的？最大的困难是什么？最大的支出是什么？

4. 在外务工多久了？觉得近十年情况有何变化？变化最大的是什么？

5. 以后是愿意继续外出务工，还是在家务农？为什么？

6. 如果农业生产哪些方面改变会选择在家务农？

7. 如果要继续在外务工，您最希望改变的是什么？

参考文献

[1] 国家统计局农村社会经济调查司. 2009 中国农村贫困监测报告 [M]. 北京：中国统计出版社，2009.

[2] Aleoek. Understandingpoverty [M]. MaemillanPress，1993.

[3] 多博林科夫，等. 社会学 [M]. 张树华，冯育民，杜艳钧，译. 北京：社会科学文献出版社，2006.

[4] ArthurC. Pigou. The Eeonomiesof Welfare [M]. FourthEdition：Maemillan & Co. London，1932.

[5] 庇古. 福利经济学 [M]. 金镝，译. 北京：华夏出版社，2007.

[6] 叶普万. 贫困问题的国际阐释 [J]. 延安大学学报：社科版，2003，25（1）.

[7] 世界银行. 2000/2001 年世界发展报告 [R]. 北京：中国财政经济出版社，2001.

[8] 叶普万. 贫困问题的国际阐释 [M]. 延安大学学报：社科版，2003（1）.

[9] 阿马蒂亚·森. 贫困与饥荒——论权利与剥夺 [M]. 王宇，等，译. 北京：商务印书馆，2004.

[10] 童星，林闽钢. 我国农村贫困标准线研究 [J]. 中国社会科学，1994(3).

[11] 中国发展研究基金会. 中国发展报告 2007：在发展中消除贫困 [M]. 北京：中国发展出版社，2007.

[12] 朱海俊. 贫困的社会因素论说及其对我国农村反贫困的启示 [J]. 江西农业学报，2007（3）.

[13] 林毅夫. 发展农村教育是解决"三农"问题的关键 [J]. 当代贵州，2004（4）.

[14] 胡平. 关于解决我国农村贫困问题的现时思考 [J]. 乡镇经济，

2006 (4).

[15] 何道峰. 小额信贷与中国扶贫开发方式的变革——阆中和安康小额信贷试点的启示 [J]. 中国扶贫论文精粹, 2001 (10).

[16] 曹洪民. 中国农村扶贫模式研究的进展与框架 [J]. 西北人口, 2002 (4).

[17] 汪三贵. 反贫困与政府干预 [J]. 管理世界, 1994 (3).

[18] 朱凤歧. 扶贫开发要有重大政策支持 [J]. 中国贫困地区, 1998 (6).

[19] 财政部农业司扶贫处. 集中力量实施扶贫攻坚促进解决滇西深度贫困——关于滇西边境集中连片特困地区扶贫开发调研报告 [J]. 农村财政与财务, 2012 (5).

[20] 帅传敏. 中国农村扶贫开发模式与效率研究 [M]. 北京: 人民出版社, 2009.

[21] 刘士安. 沪滇对口帮扶合作探索创新模式、形成"政府援助、人才支持、企业合作、社会参与"格局 [EB/OL]. [2011-10-17] http://unn.people.com.cn/GB/14748/15938216.html.

[22] 申宏磊. 国际扶贫援助项目在中国 [M]. 北京: 新世界出版社, 2006.

[23] 吉哲鹏. "十一五"期间云南农业科技成果推广应用成效显著 [EB/OL]. [2010-12-25] http://news.xinhuanet.com/local/2010-12/25/c_12917692.htm.

[24] 林乘东. 教育扶贫论 [J]. 民族大家庭, 1997 (5).

[25] 严万跃. 论现代教育的扶贫功能 [J]. 深圳职业技术学院学报, 2006 (4).

[26] 曹洪民. 中国农村开发式扶贫模式研究 [D]. 北京: 中国农业大学, 2003.

[27] 龚晓宽. 中国农村扶贫模式创新研究 [D]. 成都: 四川大学, 2006.

[28] 朱霞梅. 反贫困的理论与实践研究——基于人的发展视角 [D]. 上海: 复旦大学, 2010.

[29] 沈欢. 20世纪80年代以来国际非政府组织在云南发展的现状及其影响研究 [D]. 昆明: 云南师范大学, 2009.

[30] 张艾力. 民族教育优惠政策与民族地区的"扶贫增收" [J]. 湖北民族学院学报, 2012, 30 (4).

[31] 孙华. 关于我国民族地区教育扶贫攻坚的梯度思考 [J]. 黑龙江民族丛刊, 2013 (3).

[32] 周毅. 民族教育扶贫与可持续发展研究 [J]. 民族教育研究, 2011(2).

[33] 姚卫. 西部扶贫模式研究的文献综述 [J]. 中国民航飞行学院学报, 2012, 23 (4).

[34] 李菊兰. 非政府组织扶贫模式研究 [D]. 西安：西北农林科技大学, 2008.

[35] 陈国阶, 等. 2003 中国山区发展报告 [M]. 北京：商务印书馆, 2004.

[36] 王洛林, 朱玲. 后发地区的发展路径选择 [M]. 北京：经济管理出版社, 2002.

[37] 斯泰恩·汉森. 发展中国家的环境与贫困危机 [M]. 朱荣法, 译. 北京：商务印书馆, 1994.

[38] 蔡昉, 等. 农村发展与增加农民收入 [M]. 北京：中国劳动社会保障出版社, 2006.

[39] 盖哈. 农村脱贫战略的设计 [M]. 聂凤英, 译. 北京：中国农业科技出版社, 2000.

[40] 黄国勤. 农业可持续发展导论 [M]. 北京：中国农业出版社, 2007.

[41] 林卿. 农地制度与农业可持续发展 [M]. 北京：中国环境科学出版社, 2000.

[42] 曲格平, 李金昌. 中国人口与环境 [M]. 北京：中国环境科学出版社, 1992.

[43] 夏英. 贫困与发展 [M]. 北京：人民出版社, 1995.

[44] 阿瑟·刘易斯. 经济增长理论 [M]. 北京：商务印书馆, 1999.

[45] 西奥多·舒尔茨. 论人力资本投资 [M]. 吴珠华, 译. 北京：经济学院出版社, 1990.

[46] 刘娟. 贫困县产业发展与可持续竞争力提升研究 [M]. 北京：人民出版社, 2011.

[47] 童宁. 农村扶贫资源传递过程研究 [M]. 北京：人民出版社, 2009.

[48] 张其仔, 邓欣. 中国农村可持续发展研究 [M]. 南宁：广西人民出版社, 1998.

[49] 黄祖辉. 中国农村贫困与反贫困问题研究 [M]. 杭州：浙江大学出版社, 2008.

[50] 韩俊. 中国经济改革30年农村经济卷 [M]. 重庆：重庆大学出版社, 2008.

[51] 曹江民. 扶贫互助社：农村扶贫的重要制度创新 [J]. 中国农村经济, 2007 (9).

[52] 李瑞华. 少数民族贫困县反贫困对策建议[J]. 宏观经济管理, 2009(6).

[53] 吕书奇. 中国农村扶贫政策及成效研究 [D]. 北京：中国农业科学院, 2008 (6).

[54] 胡远航, 马骞. 云南民族地区深度贫困问题凸显 [EB/OL]. [2011-11-07] www.chinanews.com/df/2011/11-08/3446085.shtml.

[55] 王欢欢. 保护区重叠对贫困影响的法律分析 [J]. 华东理工大学学报：社会科学版, 2008 (4).

[56] 伍晓阳, 颜牛. 云南将在集中连片特困地区开展扶贫攻坚 [EB/OL]. news.cqnews.net/html/2011-11/28/content_10516232.htm.

[57] 李增辉. 云南省农村低保制度的发展与完善研究 [D]. 昆明：云南财经大学, 2010.

[58] 文小勇. 试论云南生态省的建设与生态经济发展 [J]. 大理师专学报, 2000 (3).

[59] 吴铮争, 杨新军. 西部旅游扶贫与生态环境建设关系研究 [J]. 西北大学学报, 2004, 34 (1).

[60] 徐家艳. 浅析南涧河生态环境保护 [J]. 云南环境科学, 2006 (25).

[61] 胡英. 论贫困与生态环境恶化的关系——以云南民族地区为例 [J]. 思茅师范高等专科学校学报, 2008, 24 (5).

[62] 王映雪. 云南生态型反贫困实证分析 [J]. 管理观察, 2009.

[63] 邓菊芬. 云南岩溶区的石漠化与综合治理 [J]. 草业科学, 2009, 26 (2).

[64] 张绪清. 生态旅游：乌蒙山区生态修复与脱贫发展新思路 [J]. 安徽农业科学, 2010, 38 (13).

[65] 潘正荣. 云南乌蒙山区特色林产业发展现状及对策 [J]. 林业调查规划, 2009, 34 (6).

[66] 陈春霞. 中国贫困山区生态环境建设与可持续发展的思考 [J]. 中国西部科技, 2010 (32).

[67] 黄树勋, 茶龙芬, 董家泽. 南涧县以"五新"模式全力打造造新农村 [J]. 云南农村经济, 2010 (1).

[68] 宋媛. 未来十年云南农村扶贫开发战略思考 [J]. 云南社会科学, 2011 (5).

[69] 王国贤，刘艳慧. 云南山地城镇建设与生态环境保护初探［J］. 北方环境，2012.24（2）.

[70] 中国农民工问题研究总报告起草组. 中国农民工问题研究总报告［J］. 改革，2006（5）.

[71] 全国总工会新生代农民工问题课题组. 关于新生代农民工问题的研究报告［J］. 中国职工教育，2010（8）.

[72] 唐踔. 对我国新生代农民工市民化问题的探析［J］. 前沿，2010(11).

[73] 张铁军. 新生代农民工城市融入的困境与解决路径［J］. 中共珠海市委党校珠海市行政学院学报，2010（3）.

[74] 陈慧飞. 农民工城市住房分析及对策探讨［J］. 经济研究导刊，2010（15）.

[75] 决策探索编辑部. 新生代农民工融入城市路在何方［J］. 决策探索（上半月），2010（5）.

[76] 王春光. 新生代农民工城市融入进程及问题的社会学分析［J］. 青年探索，2010（3）.

[77] 严辉. 农民工子女教育问题探析［J］. 人才资源开发，2010（6）.

[78] 盛来运. 农民工的城市化及其政策建议［J］. 中国统计，2010（5）.

[79] 李顺攀. 新生代农民工婚姻问题探究［J］. 中国集体经济，2010(10).

[80] 程诚，王宏波. 农民工市民化途径实证研究［J］. 城市问题，2010(7).

[81] 龙妮娜. 农民工精神文化生活状况及文化适应研究［J］. 广西师范学院学报，2009（4）.

[82] 杨志勇，倪军. 美国和日本农业技术进步路线对中国的启示［J］. 世界农业，2012（1）.

[83] 曹文志. 试论农业产业化的支持系统［J］. 农业经济问题，1997（9）.

附录

Ⅰ. 2012年公布的云南省国家级贫困县

文山（8）：广南县、马关县、砚山县、丘北县、文山县、富宁县、西畴县、麻栗坡县

昆明市（3）：东川区、禄劝县、寻甸县

曲靖市（2）：富源县、会泽县

保山市（3）：施甸县、龙陵县、昌宁县

昭通市（10）：昭阳区、鲁甸县、巧家县、盐津县、大关县、永善县、威信县、绥江县、彝良县、镇雄县

丽江市（2）：宁蒗县、永胜县

思茅地区（8）：墨江县、景东县、镇沅县、江城县、孟连县、西盟县、澜沧县、普洱县

临沧地区（7）：永德县、凤庆县、沧源县、镇康县、云县、临沧县、双江县

德宏州（1）：梁河县

怒江州（4）：泸水县、兰坪县、贡山县、福贡县

迪庆州（3）：维西县、香格里拉县、德钦县

大理州（9）：漾濞县、鹤庆县、弥渡县、南涧县、巍山县、永平县、云龙县、洱源县、剑川县

楚雄州（6）：双柏县、南华县、大姚县、姚安县、武定县、永仁县

红河州（6）：屏边县、金平县、泸西县、元阳县、红河县、绿春县

Ⅱ. 中国农村扶贫开发纲要（2011—2020）

为进一步加快贫困地区发展，促进共同富裕，实现到2020年全面建成小康社会奋斗目标，特制定本纲要。

序言

（一）扶贫事业取得巨大成就。消除贫困、实现共同富裕，是社会主义制度的本质要求。改革开放以来，我国大力推进扶贫开发，特别是随着《国家八七扶贫攻坚计划（1994—2000年）》和《中国农村扶贫开发纲要（2001—2010年）》的实施，扶贫事业取得了巨大成就。农村贫困人口大幅减少，收入水平稳步提高，贫困地区基础设施明显改善，社会事业不断进步，最低生活保障制度全面建立，农村居民生存和温饱问题基本解决，探索出一条中国特色扶贫开发道路，为促进我国经济发展、政治稳定、民族团结、边疆巩固、社会和谐发挥了重要作用，为推动全球减贫事业发展做出了重大贡献。

（二）扶贫开发是长期历史任务。我国仍处于并将长期处于社会主义初级阶段。经济社会发展总体水平不高，区域发展不平衡问题突出，制约贫困地区发展的深层次矛盾依然存在。扶贫对象规模大，相对贫困问题凸显，返贫现象时有发生，贫困地区特别是集中连片特殊困难地区（以下简称连片特困地区）发展相对滞后，扶贫开发任务仍十分艰巨。同时，我国工业化、信息化、城镇化、市场化、国际化不断深入，经济发展方式加快转变，国民经济保持平稳较快发展，综合国力明显增强，社会保障体系逐步健全，为扶贫开发创造了有利环境和条件。我国扶贫开发已经从以解决温饱为主要任务的阶段转入巩固温饱成果、加快脱贫致富、改善生态环境、提高发展能力、缩小发展差距的新阶段。

（三）深入推进扶贫开发意义重大。扶贫开发事关巩固党的执政基础，事关国家长治久安，事关社会主义现代化大局。深入推进扶贫开发，是建设中国特色社会主义的重要任务，是深入贯彻落实科学发展观的必然要求，是坚持以人为本、执政为民的重要体现，是统筹城乡区域发展、保障和改善民生、缩小发展差距、促进全体人民共享改革发展成果的重大举措，是全面建设小康社会、构建社会主义和谐社会的迫切需要。必须以更大的决心、更强的力度、更有效的举措，打好新一轮扶贫开发攻坚战，确保全国人民共同实现全面小康。

一、总体要求

（四）指导思想。高举中国特色社会主义伟大旗帜，以邓小平理论和"三个代表"重要思想为指导，深入贯彻落实科学发展观，提高扶贫标准，加大投入力度，把连片特困地区作为主战场，把稳定解决扶贫对象温饱、尽快实现脱贫致富作为首要任务，坚持政府主导，坚持统筹发展，更加注重转变经济发展方式，更加注重增强扶贫对象自我发展能力，更加注重基本公共服务均等化，更加注重解决制约发展的突出问题，努力推动贫困地区经济社会更好更快发展。

（五）工作方针。坚持开发式扶贫方针，实行扶贫开发和农村最低生活保障制度有效衔接。把扶贫开发作为脱贫致富的主要途径，鼓励和帮助有劳动能力的扶贫对象通过自身努力摆脱贫困；把社会保障作为解决温饱问题的基本手段，逐步完善社会保障体系。

（六）基本原则。

——政府主导，分级负责。各级政府对本行政区域内扶贫开发工作负总责，把扶贫开发纳入经济社会发展战略及总体规划。实行扶贫开发目标责任制和考核评价制度。

——突出重点，分类指导。中央重点支持连片特困地区。加大对革命老区、民族地区、边疆地区扶持力度。根据不同地区经济社会发展水平，因地制宜制定扶贫政策，实行有差异的扶持措施。

——部门协作，合力推进。各相关部门要根据国家扶贫开发战略部署，结合各自职能，在制定政策、编制规划、分配资金、安排项目时向贫困地区倾斜，形成扶贫开发合力。

——自力更生，艰苦奋斗。加强引导，更新观念，充分发挥贫困地区、扶贫对象的主动性和创造性，尊重扶贫对象的主体地位，提高其自我管理水平和发展能力，立足自身实现脱贫致富。

——社会帮扶，共同致富。广泛动员社会各界参与扶贫开发，完善机制，拓展领域，注重实效，提高水平。强化政策措施，鼓励先富帮后富，实现共同富裕。

——统筹兼顾，科学发展。坚持扶贫开发与推进城镇化、建设社会主义新农村相结合，与生态建设、环境保护相结合，充分发挥贫困地区资源优势，发展环境友好型产业,增强防灾减灾能力,提倡健康科学生活方式,促进经济社会发展与人口资源环境相协调。

——改革创新,扩大开放。适应社会主义市场经济要求,创新扶贫工作机制。扩大对内对外开放,共享减贫经验和资源。继续办好扶贫改革试验区,积极探索开放式扶贫新途径。

二、目标任务

(七)总体目标。到2020年,稳定实现扶贫对象不愁吃、不愁穿,保障其义务教育、基本医疗和住房。贫困地区农民人均纯收入增长幅度高于全国平均水平,基本公共服务主要领域指标接近全国平均水平,扭转发展差距扩大趋势。

(八)主要任务。

——基本农田和农田水利。到2015年,贫困地区基本农田和农田水利设施有较大改善,保障人均基本口粮田。到2020年,农田基础设施建设水平明显提高。

——特色优势产业。到2015年,力争实现1户1项增收项目。到2020年,初步构建特色支柱产业体系。

——饮水安全。到2015年,贫困地区农村饮水安全问题基本得到解决。到2020年,农村饮水安全保障程度和自来水普及率进一步提高。

——生产生活用电。到2015年,全面解决贫困地区无电行政村用电问题,大幅度减少西部偏远地区和民族地区无电人口数量。到2020年,全面解决无电人口用电问题。

——交通。到2015年,提高贫困地区县城通二级及以上高等级公路比例,除西藏外,西部地区80%的建制村通沥青(水泥)路,稳步提高贫困地区农村客运班车通达率。到2020年,实现具备条件的建制村通沥青(水泥)路,推进村庄内道路硬化,实现村村通班车,全面提高农村公路服务水平和防灾抗灾能力。

——农村危房改造。到2015年,完成农村困难家庭危房改造800万户。到2020年,贫困地区群众的居住条件得到显著改善。

——教育。到2015年,贫困地区学前三年教育毛入园率有较大提高;巩固提高九年义务教育水平;高中阶段教育毛入学率达到80%;保持普通高中和中等职业学校招生规模大体相当;提高农村实用技术和劳动力转移培训水平;

扫除青壮年文盲。到 2020 年，基本普及学前教育，义务教育水平进一步提高，普及高中阶段教育，加快发展远程继续教育和社区教育。

——医疗卫生。到 2015 年，贫困地区县、乡、村三级医疗卫生服务网基本健全，县级医院的能力和水平明显提高，每个乡镇有 1 所政府举办的卫生院，每个行政村有卫生室；新型农村合作医疗参合率稳定在 90% 以上，门诊统筹全覆盖基本实现；逐步提高儿童重大疾病的保障水平，重大传染病和地方病得到有效控制；每个乡镇卫生院有 1 名全科医生。到 2020 年，贫困地区群众获得公共卫生和基本医疗服务更加均等。

——公共文化。到 2015 年，基本建立广播影视公共服务体系，实现已通电 20 户以下自然村广播电视全覆盖，基本实现广播电视户户通，力争实现每个县拥有 1 家数字电影院，每个行政村每月放映 1 场数字电影；行政村基本通宽带，自然村和交通沿线通信信号基本覆盖。到 2020 年，健全完善广播影视公共服务体系，全面实现广播电视户户通；自然村基本实现通宽带；健全农村公共文化服务体系，基本实现每个国家扶贫开发工作重点县（以下简称重点县）有图书馆、文化馆，乡镇有综合文化站，行政村有文化活动室。以公共文化建设促进农村廉政文化建设。

——社会保障。到 2015 年，农村最低生活保障制度、五保供养制度和临时救助制度进一步完善，实现新型农村社会养老保险制度全覆盖。到 2020 年，农村社会保障和服务水平进一步提升。

——人口和计划生育。到 2015 年，力争重点县人口自然增长率控制在 8‰ 以内，妇女总和生育率在 1.8 左右。到 2020 年，重点县低生育水平持续稳定，逐步实现人口均衡发展。

——林业和生态。到 2015 年，贫困地区森林覆盖率比 2010 年年底增加 1.5 个百分点。到 2020 年，森林覆盖率比 2010 年年底增加 3.5 个百分点。

三、对象范围

（九）扶贫对象。在扶贫标准以下具备劳动能力的农村人口为扶贫工作主要对象。建立健全扶贫对象识别机制，做好建档立卡工作，实行动态管理，确保扶贫对象得到有效扶持。逐步提高国家扶贫标准。各省（自治区、直辖市）可根据当地实际制定高于国家扶贫标准的地区扶贫标准。

（十）连片特困地区。六盘山区、秦巴山区、武陵山区、乌蒙山区、滇桂黔石漠化区、滇西边境山区、大兴安岭南麓山区、燕山—太行山区、吕梁山区、大别山区、罗霄山区等区域的连片特困地区和已明确实施特殊政策的西藏、四省藏族聚居区、新疆南疆三地州是扶贫攻坚主战场。加大投入和支持力度，加强对跨省片区规划的指导和协调，集中力量，分批实施。各省（自治区、直辖市）对所属连片特困地区负总责，在国家指导下，以县为基础制定和实施扶贫攻坚工程规划。国务院各部门、地方各级政府要加大统筹协调力度，集中实施一批教育、卫生、文化、就业、社会保障等民生工程，大力改善生产、生活条件，培育壮大一批特色优势产业，加快区域性重要基础设施建设步伐，加强生态建设和环境保护，着力解决制约发展的瓶颈问题，促进基本公共服务均等化，从根本上改变连片特困地区面貌。各省（自治区、直辖市）可自行确定若干连片特困地区，统筹资源给予重点扶持。

（十一）重点县和贫困村。要做好连片特困地区以外重点县和贫困村的扶贫工作。原定重点县支持政策不变。各省（自治区、直辖市）要制定办法，采取措施，根据实际情况进行调整，实现重点县数量逐步减少。重点县减少的省份，国家的支持力度不减。

四、专项扶贫

（十二）易地扶贫搬迁。坚持自愿原则，对生存条件恶劣地区扶贫对象实行易地扶贫搬迁。引导其他移民搬迁项目优先在符合条件的贫困地区实施，加强与易地扶贫搬迁项目的衔接，共同促进改善贫困群众的生产、生活环境。充分考虑资源条件，因地制宜，有序搬迁，改善生存与发展条件，着力培育和发展后续产业。有条件的地方引导向中小城镇、工业园区移民，创造就业机会，提高就业能力。加强统筹协调，切实解决搬迁群众在生产生活等方面的困难和问题，确保搬得出、稳得住、能发展、可致富。

（十三）整村推进。结合社会主义新农村建设，自下而上制定整村推进规划，分期分批实施。发展特色支柱产业，改善生产生活条件，增加集体经济收入，提高自我发展能力。以县为平台，统筹各类涉农资金和社会帮扶资源，集中投入，实施水、电、路、气、房和环境改善"六到农家"工程，建设公益设施较为完善的农村社区。加强整村推进后续管理，健全新型社区管理和服务体制，巩固提高扶贫开发成果。贫困村相对集中的地方，可实行整乡推进、连片开发。

（十四）以工代赈。大力实施以工代赈，有效改善贫困地区耕地（草场）质量，稳步增加有效灌溉面积。加强乡村（组）道路和人畜饮水工程建设，开展水土保持、小流域治理和片区综合开发,增强抵御自然灾害能力,夯实发展基础。

(十五)产业扶贫。充分发挥贫困地区生态环境和自然资源优势,推广先进实用技术,培植壮大特色支柱产业,大力推进旅游扶贫。促进产业结构调整,通过扶贫龙头企业、农民专业合作社和互助资金组织,带动和帮助贫困农户发展生产。引导和支持企业到贫困地区投资兴业,带动贫困农户增收。

(十六)就业促进。完善雨露计划。以促进扶贫对象稳定就业为核心,对农村贫困家庭未继续升学的应届初、高中毕业生参加劳动预备制培训,给予一定的生活费补贴;对农村贫困家庭新成长劳动力接受中等职业教育给予生活费、交通费等特殊补贴。对农村贫困劳动力开展实用技术培训。加大对农村贫困残疾人就业的扶持力度。

(十七)扶贫试点。创新扶贫开发机制,针对特殊情况和问题,积极开展边境地区扶贫、地方病防治与扶贫开发结合、灾后恢复重建以及其他特困区域和群体扶贫试点,扩大互助资金、连片开发、彩票公益金扶贫、科技扶贫等试点。

(十八)革命老区建设。国家对贫困地区的革命老区县给予重点扶持。

五、行业扶贫

(十九)明确部门职责。各行业部门要把改善贫困地区发展环境和条件作为本行业发展规划的重要内容,在资金、项目等方面向贫困地区倾斜,并完成本行业国家确定的扶贫任务。

(二十)发展特色产业。加强农、林、牧、渔产业指导,发展各类专业合作组织,完善农村社会化服务体系。围绕主导产品、名牌产品、优势产品,大力扶持建设各类批发市场和边贸市场。按照全国主体功能区规划,合理开发当地资源,积极发展新兴产业,承接产业转移,调整产业结构,增强贫困地区发展内生动力。

(二十一)开展科技扶贫。积极推广良种良法。围绕特色产业发展,加大科技攻关和科技成果转化力度,推动产业升级和结构优化。培育一批科技型扶贫龙头企业。建立完善符合贫困地区实际的新型科技服务体系,加快科技扶贫示范村和示范户建设。继续选派科技扶贫团、科技副县(市)长和科技副乡(镇)长、科技特派员到重点县工作。

(二十二)完善基础设施。推进贫困地区土地整治,加快中低产田改造,开展土地平整，提高耕地质量。推进大中型灌区续建配套与节水改造和小型农田水利建设，发展高效节水灌溉，扶持修建小微型水利设施，抓好病险水库（闸）除险加固工程和灌溉排水泵站更新改造，加强中小河流治理、山洪地质灾害防治及水土流失综合治理。积极实施农村饮水安全工程。加大牧区游牧民定居工程实施力度。加快贫困地区通乡、通村道路建设，积极发展农村配送物流。继续推进水电新农村电气化、小水电代燃料工程建设和农村电网改造升级，实现城乡用电同网同价。普及信息服务，优先实施重点县村村通有线电视、电话、互联网工程。加快农村邮政网络建设，推进电信网、广电网、互联网三网融合。

（二十三）发展教育文化事业。推进边远贫困地区适当集中办学，加快寄宿制学校建设，加大对边远贫困地区学前教育的扶持力度，逐步提高农村义务教育家庭经济困难寄宿生生活补助标准。免除中等职业教育学校家庭经济困难学生和涉农专业学生学费，继续落实国家助学金政策。在民族地区全面推广国家通用语言文字。推动农村中小学生营养改善工作。关心特殊教育，加大对各级各类残疾学生扶助力度。继续实施东部地区对口支援中西部地区高等学校计划和招生协作计划。贫困地区劳动力进城务工，输出地和输入地要积极开展就业培训。继续推进广播电视村村通、农村电影放映、文化信息资源共享和农家书屋等重大文化惠民工程建设。加强基层文化队伍建设。

（二十四）改善公共卫生和人口服务管理。提高新型农村合作医疗和医疗救助保障水平。进一步健全贫困地区基层医疗卫生服务体系，改善医疗与康复服务设施条件。加强妇幼保健机构能力建设。加大重大疾病和地方病防控力度。继续实施万名医师支援农村卫生工程，组织城市医务人员在农村开展诊疗服务、临床教学、技术培训等多种形式的帮扶活动，提高县医院和乡镇卫生院的技术水平和服务能力。加强贫困地区人口和计划生育工作，进一步完善农村计划生育家庭奖励扶助制度、"少生快富"工程和计划生育家庭特别扶助制度，加大对计划生育扶贫对象的扶持力度，加强流动人口计划生育服务管理。

（二十五）完善社会保障制度。逐步提高农村最低生活保障和五保供养水平，切实保障没有劳动能力和生活常年困难农村人口的基本生活。健全自然灾害应急救助体系，完善受灾群众生活救助政策。加快新型农村社会养老保险制度覆盖进度，支持贫困地区加强社会保障服务体系建设。加快农村养老机构和服务设施建设，支持贫困地区建立健全养老服务体系，解决广大老年人养老问题。加快贫困地区社区建设。做好村庄规划，扩大农村危房改造试点，帮助贫困户解决基本住房安全问题。完善农民工就业、社会保障和户籍制度改革等政策。

（二十六）重视能源和生态环境建设。加快贫困地区可再生能源开发利用，因地制宜发展小水电、太阳能、风能、生物质能，推广应用沼气、节能灶、固体成型燃料、秸秆气化集中供气站等生态能源建设项目，带动改水、改厨、改厕、改圈和秸秆综合利用。提高城镇生活污水和垃圾无害化处理率，加大农村环境综合整治力度。加强草原保护和建设，加强自然保护区建设和管理，大力支持退牧还草工程。采取禁牧、休牧、轮牧等措施，恢复天然草原植被和生态功能。加大泥石流、山体滑坡、崩塌等地质灾害防治力度，重点抓好灾害易发区内的监测预警、搬迁避让、工程治理等综合防治措施。

六、社会扶贫

（二十七）加强定点扶贫。中央和国家机关各部门各单位、人民团体、参照公务员法管理的事业单位和国有大型骨干企业、国有控股金融机构、国家重点科研院校、军队和武警部队，要积极参加定点扶贫，承担相应的定点扶贫任务。支持各民主党派中央、全国工商联参与定点扶贫工作。积极鼓励、引导、支持和帮助各类非公有制企业、社会组织承担定点扶贫任务。定点扶贫力争对重点县全覆盖。各定点扶贫单位要制定帮扶规划，积极筹措资金，定期选派优秀中青年干部挂职扶贫。地方各级党政机关和有关单位要切实做好定点扶贫工作，发挥党政领导定点帮扶的示范效应。

（二十八）推进东西部扶贫协作。东西部扶贫协作双方要制定规划，在资金支持、产业发展、干部交流、人员培训以及劳动力转移就业等方面积极配合，发挥贫困地区自然资源和劳动力资源优势，做好对口帮扶工作。国家有关部门组织的行业对口帮扶，应与东西部扶贫协作结对关系相衔接。积极推进东中部地区支援西藏、新疆经济社会发展，继续完善对口帮扶的制度和措施。各省（自治区、直辖市）要根据实际情况，在当地组织开展区域性结对帮扶工作。

（二十九）发挥军队和武警部队的作用。坚持把地方扶贫开发所需与部队所能结合起来。部队应本着就地就近、量力而行、有所作为的原则，充分发挥组织严密、突击力强和人才、科技、装备等优势，积极参与地方扶贫开发，实现军地优势互补。

（三十）动员企业和社会各界参与扶贫。大力倡导企业社会责任，鼓励企业采取多种方式，推进集体经济发展和农民增收。加强规划引导，鼓励社会组织和个人通过多种方式参与扶贫开发。积极倡导扶贫志愿者行动，构建扶贫志愿者服务网络。鼓励工会、共青团、妇联、科协、侨联等群众组织以及海外华人华侨参与扶贫。

七、国际合作

（三十一）开展国际交流合作。通过走出去、引进来等多种方式，创新机制，拓宽渠道，加强国际反贫困领域交流。借鉴国际社会减贫理论和实践，开展减贫项目合作，共享减贫经验，共同促进减贫事业发展。

八、政策保障

（三十二）政策体系。完善有利于贫困地区、扶贫对象的扶贫战略和政策体系。发挥专项扶贫、行业扶贫和社会扶贫的综合效益。实现开发扶贫与社会保障的有机结合。对扶贫工作可能产生较大影响的重大政策和项目，要进行贫困影响评估。

（三十三）财税支持。中央和地方财政逐步增加扶贫开发投入。中央财政扶贫资金的新增部分主要用于连片特困地区。加大中央和省级财政对贫困地区的一般性转移支付力度。加大中央集中彩票公益金支持扶贫开发事业的力度。对贫困地区属于国家鼓励发展的内外资投资项目和中西部地区外商投资优势产业项目，进口国内不能生产的自用设备，以及按照合同随设备进口的技术及配件、备件，在规定范围内免征关税。企业用于扶贫事业的捐赠，符合税法规定条件的，可按规定在所得税税前扣除。

（三十四）投资倾斜。加大贫困地区基础设施建设、生态环境和民生工程等投入力度，加大村级公路建设、农业综合开发、土地整治、小流域与水土流失治理、农村水电建设等支持力度。国家在贫困地区安排的病险水库除险加固、生态建设、农村饮水安全、大中型灌区配套改造等公益性建设项目，取消县以下（含县）以及西部地区连片特困地区配套资金。各级政府都要加大对连片特困地区的投资支持力度。

（三十五）金融服务。继续完善国家扶贫贴息贷款政策。积极推动贫困地区金融产品和服务方式创新，鼓励开展小额信用贷款，努力满足扶贫对象发展生产的资金需求。继续实施残疾人康复扶贫贷款项目。尽快实现贫困地区金融机构空白乡镇的金融服务全覆盖。引导民间借贷规范发展，多方面拓宽贫困地区融资渠道。鼓励和支持贫困地区县域法人金融机构将新增可贷资金的70%以上留在当地使用。积极发展农村保险事业，鼓励保险机构在贫困地区建立基层服务网点。完善中央财政农业保险保费补贴政策。针对贫困地区特色主导产业，鼓励地方发展特色农业保险。加强贫困地区农村信用体系建设。

（三十六）产业扶持。落实国家西部大开发各项产业政策。国家大型项目、重点工程和新兴产业要优先向符合条件的贫困地区安排。引导劳动密集型产业向贫困地区转移。加强贫困地区市场建设。支持贫困地区资源合理开发利用，完善特色优势产业支持政策。

（三十七）土地使用。按照国家耕地保护和农村土地利用管理有关制度规定，新增建设用地指标要优先满足贫困地区易地扶贫搬迁建房需求，合理安排小城镇和产业聚集区建设用地。加大土地整治力度，在项目安排上，向有条件的重点县倾斜。在保护生态环境的前提下支持贫困地区合理有序开发利用矿产资源。

（三十八）生态建设。在贫困地区继续实施退耕还林、退牧还草、水土保持、天然林保护、防护林体系建设和石漠化、荒漠化治理等重点生态修复工程。建立生态补偿机制，并重点向贫困地区倾斜。加大重点生态功能区生态补偿力度。重视贫困地区的生物多样性保护。

（三十九）人才保障。组织教育、科技、文化、卫生等行业人员和志愿者到贫困地区服务。制定大专院校、科研院所、医疗机构为贫困地区培养人才的鼓励政策。引导大中专毕业生到贫困地区就业创业。对长期在贫困地区工作的干部要制定鼓励政策，对各类专业技术人员在职务、职称等方面实行倾斜政策，对定点扶贫和东西部扶贫协作挂职干部要关心爱护，妥善安排他们的工作、生活，充分发挥他们的作用。发挥创业人才在扶贫开发中的作用。加大贫困地区干部和农村实用人才的培训力度。

（四十）重点群体。把对少数民族、妇女儿童和残疾人的扶贫开发纳入规划，统一组织，同步实施，同等条件下优先安排，加大支持力度。继续开展兴边富民行动，帮助人口较少民族脱贫致富。推动贫困家庭妇女积极参与全国妇女"双学双比"活动，关注留守妇女和儿童的贫困问题。制定实施农村残疾人扶贫开发纲要（2011—2020年），提高农村残疾人生存和发展能力。

九、组织领导

（四十一）强化扶贫开发责任。坚持中央统筹、省负总责、县抓落实的管理体制，建立以片为重点、工作到村、扶贫到户的工作机制，实行党政一把手负总责的扶贫开发工作责任制。各级党委和政府要进一步提高认识，强化扶贫开发领导小组综合协调职能，加强领导，统一部署，加大省县统筹、资源整合力度，扎实推进各项工作。进一步完善对有关党政领导干部、工作部门和重点县的扶贫开发工作考核激励机制，各级组织部门要积极配合。东部地区各省（直辖市）要进一步加大对所属贫困地区和扶贫对象的扶持力度。鼓励和支持有条件的地方探索解决城镇化进程中的贫困问题。

（四十二）加强基层组织建设。充分发挥贫困地区基层党组织的战斗堡垒作用，把扶贫开发与基层组织建设有机结合起来。选好配强村级领导班子，以强村富民为目标，以强基固本为保证，积极探索发展壮大集体经济、增加村级集体积累的有效途径，拓宽群众增收致富渠道。鼓励和选派思想好、作风正、能力强、愿意为群众服务的优秀年轻干部、退伍军人、高校毕业生到贫困村工作，帮助建班子、带队伍、抓发展。带领贫困群众脱贫致富有突出成绩的村干部，可按有关规定和条件优先考录为公务员。

（四十三）加强扶贫机构队伍建设。各级扶贫开发领导小组要加强对扶贫开发工作的指导，研究制定政策措施，协调落实各项工作。各省（自治区、直辖市）扶贫开发领导小组每年要向国务院扶贫开发领导小组报告工作。要进一步强化各级扶贫机构及其职能，加强队伍建设，改善工作条件，提高管理水平。贫困程度深的乡镇要有专门干部负责扶贫开发工作。贫困地区县级领导干部和县以上扶贫部门干部的培训要纳入各级党政干部培训规划。各级扶贫部门要大力加强思想、作风、廉政和效能建设，提高执行能力。

（四十四）加强扶贫资金使用管理。财政扶贫资金主要投向连片特困地区、重点县和贫困村，集中用于培育特色优势产业、提高扶贫对象发展能力和改善扶贫对象基本生产、生活条件，逐步增加直接扶持到户资金规模。创新扶贫资金到户扶持机制，采取多种方式，使扶贫对象得到直接有效扶持。使用扶贫资金的基础设施建设项目，要确保扶贫对象优先受益，产业扶贫项目要建立健全带动贫困户脱贫增收的利益连接机制。完善扶贫资金和项目管理办法，开展绩效考评。建立健全协调统一的扶贫资金管理机制。全面推行扶贫资金项目公告公示制，强化审计监督，拓宽监管渠道，坚决查处挤占挪用、截留和贪污扶贫资金的行为。

（四十五）加强扶贫研究和宣传工作。切实加强扶贫理论和政策研究，对扶贫实践进行系统总结，逐步完善中国特色扶贫理论和政策体系。深入实际调查研究，不断提高扶贫开发决策水平和实施能力。把扶贫纳入基本国情教育范畴，作为各级领导干部和公务员教育培训的重要内容、学校教育的参考材料。继续加大扶贫宣传力度，广泛宣传扶贫开发政策、成就、经验和典型事迹，营造全社会参与扶贫的良好氛围。同时，向国际社会展示我国政府保障人民生存权、发展权的努力与成效。

（四十六）加强扶贫统计与贫困监测。建立扶贫开发信息系统，开展对连片特困地区的贫困监测。进一步完善扶贫开发统计与贫困监测制度，不断规范相关信息的采集、整理、反馈和发布工作，更加及时客观反映贫困状况、变化趋势和扶贫开发工作成效，为科学决策提供依据。

（四十七）加强法制化建设。加快扶贫立法，使扶贫工作尽快走上法制化轨道。

（四十八）各省（自治区、直辖市）要根据本纲要，制定具体实施办法。

（四十九）本纲要由国家扶贫开发工作机构负责协调并组织实施。

Ⅲ. 云南省农村扶贫开发纲要（2011—2020年）

为进一步加快贫困地区发展，集中力量打好新一轮扶贫攻坚战，加快建设我国面向西南开放重要桥头堡，实现到2020年全面建成小康社会奋斗目标，根据《中国农村扶贫开发纲要（2011—2020年）》，结合云南实际，特制定本纲要。

一、扶贫开发的重要性和紧迫性

（一）扶贫开发取得巨大历史成就。进入21世纪以来，在党中央、国务院的正确领导下，在中央定点扶贫单位、上海市和社会各界的大力支持下，省委、省政府高度重视扶贫开发工作，团结带领广大干部群众艰苦奋斗，不断创新扶贫开发方式，千方百计加大贫困地区投入力度，广泛动员社会各界扶贫济困，扶贫开发取得了巨大成就。10年来，累计投入专项财政扶贫资金216亿元，减少农村贫困人口697万人，深度贫困人口由337.5万人下降到160.2万人。贫困地区农民人均纯收入由1 100元增加到3 109元，人均GDP由2 207元提高到8 590元，人均地方财政收入由120元提高到546元。贫困地区基础设施明显加强，社会事业加快发展，生态环境不断改善，最低生活保障制度基本建立，贫困问题得到有效缓解，特殊困难群体和区域脱贫进程持续加快，创造了具有云南特点的扶贫开发模式，为促进我省经济发展、政治稳定、民族团结、边防巩固、社会和谐发挥了重要作用。

（二）扶贫开发任务依然十分艰巨。我省扶贫开发虽然取得显著成效，但制约贫困地区发展的深层次矛盾依然存在，农村贫困人口数量依然庞大，深度贫困人口比重依然很高，集中连片特殊困难地区（以下简称连片特困地区）贫困问题依然凸显，边境和民族贫困问题依然严峻，贫富差距扩大趋势依然持续，贫困地区经济发展与生态保护的矛盾依然突出，贫困问题仍旧是制约我省科学发展和谐发展跨越发展的重要瓶颈。全省有73个国家扶贫开发工作重点县（以下简称重点县）和7个省级重点县，连片特困地区涉及85个县（市、区）。按照农民人均纯收入2 300元（2010年不变价）的新国家扶贫标准，我省贫困人口将超过1 500万人，其中仍有深度贫困人口160.2万人，是我省扶贫攻坚最难啃的"硬骨头"。扶贫开发工作仍然是全省经济社会发展最大的难点、最突出的重点之一，仍然是一项长期而重大的历史任务。

（三）坚定不移打好扶贫攻坚战。消除贫困、改善民生、实现共同富裕，是社会主义的本质要求。加快扶贫开发进程，是深入贯彻落实科学发展观的必然要求，是坚持以人为本、执政为民的重要体现，是统筹城乡区域发展、保障和改善民生、缩小发展差距、促进全体人民共享改革发展成果的重大举措，是全面建设小康社会、构建和谐社会的迫切需要，是建设开放富裕文明幸福新云南的重大任务，是各级党委、政府义不容辞的责任和神圣使命，事关巩固党的执政基础，事关国家的长治久安，事关民族团结和边疆稳固，事关云南现代化建设的全局。2011—2020年是我省全面建设小康社会的关键期，是加快扶贫开发进程的战略机遇期，是集中攻坚解决深度贫困问题的决战期，扶贫开发已经从以解决温饱为主要任务的阶段转入解决深度贫困问题、巩固温饱成果、加快脱贫致富、改善生态环境、提高发展能力、缩小贫富差距、构建和谐社会的新阶段。国家打好新一轮扶贫攻坚战和深入推进西部大开发的重大战略举措，我省建设绿色经济强省、民族文化强省和中国面向西南开放重要桥头堡的跨越式推进，贫困地区广大干部群众更加强烈的脱贫致富愿望，为扶贫开发创造了前所未有的有利条件。各级党委、政府必须以高度的政治责任感和强烈的历史使命感，把扶贫开发作为推动云南跨越发展，实现"四个翻番"、"两个倍增"的重要战略支撑和重大举措，作为统筹城乡、促进区域协调发展、构建和谐社会的重要平台和关键抓手，进一步坚定信心、明确思路，锁定目标、落实责任，以更大的决心、更强的力度、更有效的举措，举全省之力打好新一轮扶贫攻坚战，让各族贫困群众尽快脱贫致富，确保与全国人民一道共同实现全面小康。

二、新阶段扶贫开发的总体要求

（四）指导思想。高举中国特色社会主义伟大旗帜，以邓小平理论和"三个代表"重要思想为指导，深入贯彻落实科学发展观，紧紧围绕"两强一堡"战略目标，坚持政府主导，坚持统筹发展，加大投入力度，把稳定解决扶贫对象温饱、尽快实现脱贫致富作为首要任务，把乌蒙山区、石漠化地区、滇西边境山区以及藏族聚居区等连片特困地区作为主战场，以改善民生为根本，以奋力跨越为关键，以专项扶贫、行业扶贫、社会扶贫为支撑，加强基础设施建设，加大产业培植力度，加快劳动者素质提高，更加注重转变经济发展方式，更加注重增强扶贫对象自我发展能力，更加注重基本公共服务均等化，更加注重解决制约发展的突出问题，巩固提升扶贫成果，突出解决深度贫困问题，全面推进扶贫对象脱贫致富，努力促进开放富裕文明幸福新云南建设。

（五）工作方针。坚持开发式扶贫方针，把扶贫开发与新农村建设、扶贫开发与发展特色产业、扶贫政策与农村低保制度、项目扶持与提高发展能力、常规扶贫与连片特困地区开发、专项扶贫与强农惠农政策、政府主导与社会帮扶、自身努力与争取支持有机结合起来。把扶贫开发作为脱贫致富的主要途径，鼓励和帮助有劳动能力的扶贫对象通过自身努力摆脱贫困。把社会保障作为解决温饱的基本手段，逐步完善保障体系。

（六）基本原则。

——政府主导，分级负责。各级党委、政府对扶贫开发工作负总责，把扶贫开发纳入经济和社会发展战略及总体规划，实行扶贫开发目标责任制，建立健全考核奖惩制度，确保扶贫开发各项任务落到实处。

——瞄准对象，突出重点。瞄准贫困对象，突出重点区域，锁定扶贫开发目标，把边远、少数民族、贫困地区深度贫困群体作为重点，在资金项目、政策措施方面给予优先支持、重点倾斜。

——综合开发，整体推进。以发展特色产业、改善生产生活条件、增强自我发展能力为重点，以连片特困地区、重点县、贫困乡（镇）、贫困村规划为平台，实施山水林田路电气房综合治理，促进基本公共服务均等化，整体推进综合扶贫开发。

——部门协同，合力攻坚。各行业部门根据扶贫开发总体要求，结合各自职能，落实部门责任，在制定政策、编制规划、分配资金、实施项目时向贫困地区倾斜，合力推进贫困地区经济社会协调发展。

——以人为本，科学发展。正确处理扶贫开发与生态建设、环境保护的关系，充分发挥贫困地区资源优势，增强自我发展能力，发展环境友好型产业，重视计划生育工作，提升贫困人口素质，使经济社会发展与人口资源环境相协调。

——因地制宜，分类指导。根据连片特困地区、贫困乡（镇）、贫困村社、扶贫对象的贫困特征和致贫因素，突出针对性、操作性和实效性，实行差异化扶持措施。

——改革创新，扩大开放。创新扶贫开发机制，提高扶贫开发工作质量和水平。在着力解决农村贫困问题的同时，超前谋划城镇化、工业化进程中农村贫困人口变为城市贫民的问题。围绕桥头堡建设，通过"走出去、引进来"，有序开展与周边国家的减贫项目合作。

——社会帮扶，自力更生。充分调动社会各界参与扶贫开发的积极性，完善帮扶机制，拓展帮扶领域，扩大帮扶规模，提高帮扶水平。尊重扶贫对象主体地位，激发贫困地区内在活力，充分发挥其主动性和创造性。

（七）总体目标。到2015年，贫困地区农民人均纯收入增长幅度高于全省平均水平，不低于当地经济发展速度，贫困人口大幅减少，基本实现扶贫对象有饭吃、有水喝、有房住、有学上、有医疗、有产业。到2020年，基本解决深度贫困问题，基本解决连片特困地区贫困问题，稳定实现扶贫对象不愁吃、不愁穿，保障其义务教育、基本医疗和住房，贫困自然村内通硬化道路、户户通电、通广播电视、通电信网络，贫困地区基本公共服务主要领域指标接近全省平均水平，城乡收入差距力争控制在3∶1，基尼系数控制在0.38以内，发展差距逐步缩小。

（八）扶持重点。

——瞄准贫困对象。将农民人均纯收入低于国家扶贫标准，具备劳动能力的农村人口作为扶贫开发工作的主要对象。健全扶贫对象识别机制，瞄准贫困地区和群体，坚持先难后易，实行贫困人口首扶制度，把着力点放在帮助最困难地区和最困难群众的脱贫发展问题上，确保扶贫资金真正用于贫困群众的脱贫致富。

——突出重点区域。以乌蒙山区、石漠化地区、滇西边境山区、藏族聚居区四个连片特困地区为主战场，把连片特困地区扶贫攻坚作为新阶段扶贫开发整体布局的核心，作为建设开放富裕文明幸福新云南的重大任务，着力推进兴边富民行动，以资源大整合、社会大参与、群众大发动、连片大开发为主要方式，把解决与扶贫对象脱贫致富密切相关的进村入户项目和解决制约贫困群众可持续脱贫、贫困地区可持续发展的区域性问题紧密结合起来，以区域发展带动扶贫开发，以扶贫开发促进区域发展，坚持"雪中送炭、突出重点"的原则，集中实施一批教育、卫生、文化、就业、社会保障等民生工程，积极推进产业连片开发，基础设施连片建设，村容村貌连片整治，大力改善生产生活条件，培育壮大一批特色优势产业，加快区域重要基础设施建设步伐，加强生态建设和环境保护，着力解决制约区域可持续发展的瓶颈问题，着力解决制约贫困群众可持续脱贫致富的主要矛盾，促进基本公共服务均等化，从根本上改变连片特困地区面貌。针对片区人口资源环境状况、经济社会发展情况、贫困特征及致贫因素，突出重点，分区施策，科学制定连片特困地区区域发展与扶贫攻坚规划，集中力量，整体推进，连片开发。乌蒙山区要突出解决资源承载过重的问题，切实加大农村剩余劳动力的培训、转移力度和农田水利建设，努力提高土地综合生产能力和促进生态环境改善，拓展扶贫对象生存和发展空间。石漠化地区要突出以石漠化治理为重点的土地整治和生态恢复建设，着力解决缺土少水等制约脱贫发展的瓶颈。滇西边境山区要突出优势特色产业培育和劳动者素质的提升，加快"兴边富民"工程建设进程。藏族聚居区要突出生态环境的保护和贫困农民生活的改善，推进跨越式发展。在连片特困地区实施100个特困乡（镇）整乡推进建设，100个连片开发特色优势产业发展项目。各地可自行确定若干连片特困地区，统筹资源给予重点扶持。

——优先扶持群体。瞄准160.2万深度贫困群体，打好深度贫困群体扶贫攻坚战。优先解决连片特困地区深度贫困群体贫困问题，继续实施人口较少民族发展规划，巩固提升莽人、克木人、苦聪人帮扶成果，继续推进独龙族、瑶族山瑶支系综合扶贫开发，加大特困民族重点帮扶力度。把农村贫困少数民族群众、妇女儿童、有劳动能力残疾人纳入扶贫规划。

（九）主要任务。

——打好基础设施改善攻坚战。到2015年，贫困地区完成660万亩中低产田地改造，建成130万件以上"五小水利"工程，推动基本农田和农田水利设施有较大改善，保障人均基本口粮田，使高稳产农田累计达到2 900万亩；累计解决1 000万农村人口饮水安全问题，基本解决农村饮水安全问题；全面解决贫困地区无电行政村用电问题、基本解决边远少数民族贫困地区深度贫困群体用电问题；贫困地区县城通二级或二级以上高等级公路，实现乡（镇）100%通沥青（水泥）路、通客运班车，行政村100%通公路、70%以上通硬化路、80%以上通客运班车；完成农村困难家庭危房改造100万户。到2020年，贫困地区高稳产农田面积累计达到3 300万亩，农田水利基础设施建设水平明显提高；农村饮水安全保障程度和自来水普及率进一步提高；全面解决无电人口用电问题；实现全部行政村通水泥（沥青）路，村庄内道路硬化率达到85%以上，实现村村通班车，全面提高农村公路服务水平和抗灾能力；消除农村危房和人畜共居住房。

——打好优势产业培育攻坚战。到2015年，在贫困地区培育10个以上农产品年销售收入超30亿元的农产品加工大县，10户年销售收入超10亿元的扶贫龙头企业，省级扶贫龙头企业达到100户。贫困地区分别新增经济林果2 000万亩、经济作物2 000万亩以上，出栏大牲畜1 000万头以上，提高特色产业发展质量和效益，力争实现1户1项增收项目。到2020年，实现县有支柱产业、乡有主导产业、村有骨干产业、户有增收项目，初步构建特色支柱产业体系。

——打好社会事业发展攻坚战。到 2015 年，贫困地区学前三年教育毛入园率达到 40%以上，九年义务教育巩固率达到 80%以上，高中阶段毛入学率达到 70%以上，合理确定普通高中和中等职业学校招生比例，保持普通高中和中等职业学校招生规模大体相当，实现贫困农户户均有 1 人以上科技明白人，有条件的户均培训转移劳动力 1 人，扫除青壮年文盲；贫困地区县、乡、村三级医疗卫生服务网基本健全，县级医院的能力和水平明显提高，每个乡（镇）有 1 所政府举办的卫生院，每个行政村有卫生室，新型农村合作医疗参合率稳定在 95%以上，门诊统筹全覆盖基本实现，逐步提高儿童重大疾病的保障水平，重大传染病和地方病得到有效控制，力争每个乡（镇）卫生院有 1 名全科医生；基本建立广播影视公共服务体系，20 户以下已通电自然村广播、电视实现全覆盖，力争实现人口 30 万以上县有 1 家数字电影院，每个贫困行政村每月放映 1 场数字电影，行政村基本通宽带，自然村和交通沿线通信信号基本覆盖，农业信息服务覆盖所有的县、乡（镇）和 90%以上的行政村；农村最低生活保障制度、五保供养制度和临时救助制度进一步完善，实现新型农村社会养老保险制度全覆盖；力争重点县人口自然增长率控制在 7‰以内，出生缺陷发生率逐步降低，婴儿死亡率和孕产妇死亡率下降，人口素质明显提高。到 2020 年，义务教育水平进一步提高，基本普及学前教育，普及高中阶段教育，加快发展远程继续教育和社区教育；贫困地区群众享受更加均等的公共卫生和基本医疗服务；健全农村公共文化服务体系，基本实现每个重点县有图书馆、文化馆，乡有综合文化站，村有文化活动室；健全完善广播影视公共服务体系，全面实现广播电视"户户通"，农民文化素质教育网络培训学校"村村有"，自然村基本实现通宽带，以公共文化建设促进农村廉政文化建设；农村社会保障和服务水平进一步提升；重点县低生育水平持续稳定，逐步实现人口均衡发展。

——打好生态修复攻坚战。到 2015 年，贫困地区森林覆盖率比 2010 年年底增加 2 个百分点。到 2020 年，森林覆盖率比 2010 年增加 5 个百分点，石漠化得到有效治理，生态安全屏障作用不断巩固。

三、重点突出专项扶贫

（十）整村推进。按照一次规划、分步实施、因地制宜、分类指导的要求，实施 5 万个贫困村的整村推进。以贫困村为单元，结合村镇建设规划，在充分尊重群众意愿的基础上，科学制定村级规划。有条件的地方要适当集中村落，对规模较小的村进行有计划的撤并。要统筹各类涉农资金和社会帮扶资源，集中投入，实现水、电、路、气、房和优美环境"六到农家"，发展特色支柱产业，增加集体经济收入，夯实群众增收基础。加强整村推进后续管理，建立健全新型社区管理和服务体系，巩固提高整村推进成果。

（十一）产业扶贫。把一家一户特色小产业的建设与区域性主导产业的发展紧密结合起来，完善产业项目支撑体系，建立产业大发展、资源大开发带动贫困群众增收致富的联动机制。加大财政专项扶贫和贴息资金投入力度，扩大到户贷款和项目贷款规模，金融信贷投入向贫困地区倾斜。积极引进和扶持扶贫龙头企业发展，强化企业与农户的利益联结机制，积极支持各种类型的农民专业合作组织发展，壮大集体经济，扩大贫困村互助资金规模，培育农村经纪人，解决贫困农户发展产业缺资金、缺技术、缺市场信息的难题，提高产业发展的组织化程度，增强农户参与市场竞争和自我发展的能力，扶持带动贫困农户打牢脱贫致富基础，实现持续稳定增收。

（十二）易地搬迁。对基本丧失生存条件、资源负载过重、发展空间狭小等就地难以可持续解决温饱的群众，在充分尊重贫困群众意愿和保障搬迁群众基本生产、生活条件的前提下，就近就便，采取小规模集中和插花安置的方式，完成易地扶贫搬迁 70 万人，改善移民的发展环境和条件，确保搬得出、稳得住、能发展、可致富。有条件的地方，按照"移民就路、移民就市、移民就富"的原则，结合山地城镇建设，引导搬迁农户向中小城镇、工业园区移民，并通过创造就业机会，提高移民就业能力，使其在城镇安居乐业。

（十三）就业促进。按照"就业导向、技能为本"的原则，继续实施"雨露计划"，完成贫困劳动力培训 200 万人，其中技能培训 160 万。重点扶持农村贫困家庭"两后生"继续接受正规职业教育和中长期技能培训。以增强贫困农民创业就业能力为重点，创新培训方式，加大培训力度。积极支持、鼓励发展个体、微型、中小企业，带动就业，增加收入。把外输与内转有机结合起来，促进贫困劳动力就地就近转移就业，鼓励支持贫困农民返乡创业就业。开展理财培训，提高贫困农民理财意识，促进财产性增收。

（十四）以工代赈。大力实施以工代赈，有效改善贫困地区耕地（草场）质量，稳步增加有效灌溉面积；加强乡村（组）道路和人畜饮水工程建设，开展小流域治理，增强农村基础设施抵御自然灾害能力，不断夯实发展基础。

（十五）兴边富民扶贫。以解决边境地区和广大边民的特殊困难问题为重点，继续实施"兴边富民"工程，支持边境贸易发展和区域经济协作，促进边境地区加快发展，帮助边民尽快脱贫致富。继续实施兴边富民整村推进综合扶贫计划,着力夯实边境一线贫困村可持续脱贫致富基础。

(十六)老区建设。制定革命老区综合发展规划,统筹协调各类扶贫资源,对贫困地区革命老区县给予重点扶持。继续安排专项资金,重点解决革命老区最薄弱、最急需和老区人民最期盼的问题。积极利用彩票公益金支持革命老区开发建设。因地制宜发展红色旅游。充分发挥老促会的积极作用。

(十七)扶贫试点。创新扶贫开发机制,针对特殊情况和问题,积极开展统筹城乡、以工促农、以城带乡促进扶贫开发试点,推进地方病防治与扶贫开发结合、灾后恢复重建以及其他特困区域和群体扶贫试点,扩大连片开发、科技扶贫等试点。

四、着力强化行业扶贫

(十八)完善跨部门协同扶贫工作机制。各行业部门要把推动贫困地区发展环境和条件持续改善作为本行业发展规划的重要内容,优先列入行业规划计划,做到项目优先安排、资金优先保障、措施优先落实,确保各项帮扶措施落实到位和本行业扶贫开发任务圆满完成。以扶贫规划为载体,按照"统一规划、集中使用、用途不变、各负其责、优势互补、各记其功、形成合力"的原则,建立协同扶贫工作机制,形成多部门协作、多渠道投入、多措施并举、多层次推动的合力扶贫攻坚新格局。

(十九)特色优势产业扶贫工程。按照主体功能区规划,依托贫困地区生态环境和自然资源优势,优化布局,调整结构,大力发展高原特色农业,推进山区综合开发,积极发展新兴产业,有序承接产业转移。完善农村社会化服务体系,提升农业产业化经营水平,改善生产条件,提高设施装备水平,加快现代农业建设。大力扶持建设各类批发市场和边贸市场。加大科技扶贫力度,完善贫困地区新型科技服务体系,加快科技攻关和科研成果转化,积极推广良种良法,开展科技扶贫示范村和示范户建设。围绕做大做强"云系"、"滇牌"名牌产品、主导产品、优势产品,培育壮大特色种植业、养殖业、加工业和旅游业,提高特色经济作物和生态牧业比重,推进中低产林改造和木本油料基地建设,加快第三产业发展,建立第一、二、三产业协同拉动贫困群众增收的产业发展机制,逐步形成优势明显、市场广阔、带动性强、具有贫困地区特色的主导产业带和产业集群。加强粮食生产基地建设,确保粮食安全。建设养殖产品标准化生产基地,提高养殖产品有效供给能力。

(二十)基础设施扶贫工程。加强贫困地区土地整治,推进中低产田改造、"兴地睦边"和高产稳产农田建设。加快水源工程建设，抓好病险水库除险加固工程和灌溉排水泵站建设，继续加大"五小水利"建设。优先在贫困地区实施大中型灌区续建配套节水改造、干支渠防渗、田间渠系配套节水改造工程及中央财政小型农田水利重点县建设。加强农村饮水安全工程建设，大力推进农村集中式供水。加大农村电网升级改造和无电地区电力建设力度，实现城乡用电同网同价，提高民生用电保障水平。加快发展农村水电，积极开展水电新农村电气化县建设和小水电代燃料生态保护工程建设。加快贫困地区公路建设，以通乡通村油路工程为重点，不断提高农村公路通达率和通畅率。

（二十一）教育文化扶贫工程。优先在贫困地区普及学前教育，建设农村寄宿制学校，实施义务教育阶段薄弱学校改造计划，推进贫困地区中小学相对集中办学，方便学生就近入学。逐步提高农村中小学家庭经济困难寄宿生生活补助标准，全面推进连片特困地区农村义务教育学生营养改善计划试点。扩大贫困地区普通高中和职业教育规模，扩大普通高中家庭困难学生补助面，免除中等职业教育学校家庭经济困难学生学费，给予生活费、交通费等特殊补贴，继续落实国家助学金政策。关心特殊教育，加大对各级各类学校残疾学生的扶助力度。开展教育对口支援，发达地区对口支援贫困地区，大中专院校定向招收贫困地区学生，加大家庭经济困难大学生资助力度。开展农村实用技术和劳动力转移培训，加大实施农村新成长劳动力免费劳动预备制培训。优先在贫困地区推进综合性社区文化中心（文化室）和村文化室建设，继续实施广播电视"村村通"、文化信息资源共享、农民文化素质教育网络培训学校"村村有"、"文化大篷车送戏行"、农村电影放映、农家书屋、"七彩云南全民健身"、文化惠民"春雨工程"等建设任务。普及信息服务，优先实施贫困地区村村通有线电视、电话、互联网工程，推进广电、电话、互联网"三网融合"。加快农村邮政网络建设。

（二十二）公共卫生与人口服务扶贫工程。提高贫困地区新型农村合作医疗和医疗救助保障水平。进一步健全贫困地区县级医院为龙头、乡（镇）卫生院为骨干、村级卫生室为基础的医疗卫生服务体系，改善医疗与康复服务设施条件，提高乡村医生公共服务补助标准。加大地方病和结核病、疟疾等重大疾病防控，加强艾滋病防治，做好残疾预防。加强贫困地区妇幼保健机构能力建设。继续实施万名医师支援农村卫生工程，组织城市医务人员到农村开展诊疗服务、临床教学、技术培训等多种形式的帮扶活动，逐步提高贫困地区县医院和乡（镇）卫生院的技术水平和服务能力。加强贫困地区人口和计划生育工作，进一步落实农村计划生育家庭奖励扶助制度、"少生快富"工程等特别扶助制度，充实完善"奖优免补"政策，加快建立"半边户"奖励制度和手术并发症救助制度，加大对计划生育扶贫对象的扶持力度，加强流动贫困人口计划生育服务管理。

（二十三）民生保障扶贫工程。逐步提高农村最低生活保障和五保供养水平，把深度贫困人口全部纳入最低生活保障，保障没有劳动能力和生活常年困难农村人口的基本生活，逐步提高补助标准，实现应保尽保。新增社会保障投入向农村尤其是贫困地区倾斜。健全自然灾害应急救助体系，完善受灾群众生活救助政策。加快新型农村社会养老保险制度覆盖进度，支持贫困地区加强社会保障服务体系建设。加快农村养老机构和服务设施建设，支持贫困地区建立健全养老服务体系，解决广大老年人养老问题，尤其是贫困老年人生活问题。支持贫困地区建立残疾人托养服务体系，解决智力障碍、精神病人和重度残疾人的托养问题。做好村庄规划，优化居民点布局，以新农村重点村建设、农村危旧房改造及地震安居工程、扶贫安居、游牧民定居及灾区民房恢复重建为重点，帮助贫困户解决基本住房安全问题。完善农民工就业、社会保障及户籍制度改革等政策。

（二十四）生态建设扶贫工程。加大贫困地区退耕还林、退牧还草、水土保持、天然林保护等重点生态修复工程建设力度。加强贫困地区石漠化综合治理、干热河谷生态恢复。加快贫困地区可再生能源的开发利用，因地制宜发展小水电、太阳能、风能、生物质能。加强以农村户用沼气池、畜禽养殖场大中型沼气池为重点的农村能源建设。继续实施好村容村貌整治。实施农村清洁工程，加快改水、改厨、改厕、改圈，推进农村污水处理、垃圾处理设施建设和农村美化、绿化、亮化工程，推进农村环境综合治理。加强防灾减灾预防体系建设，加大泥石流、山体滑坡、崩塌等地质灾害防治力度，重点抓好灾害易发区内的监测预警、搬迁避让、工程治理等综合防治措施。加强贫困地区生物多样性保护，合理开发利用水土资源，保护生态环境，恢复生态功能，促进贫困地区环境、经济、社会协调发展。

五、巩固完善社会扶贫

（二十五）加强定点扶贫。坚持和完善党政机关、企事业单位和群众团体定点帮扶制度，继续扩大帮扶单位范围，财务独立核算的副厅级以上单位及新增加的国有企业和国有控股企业均应承担定点扶贫任务。做到定点扶贫单位对重点县和连片特困地区涉及县全覆盖。各定点扶贫单位要积极筹措定点扶贫资金，定期选派德才兼备、具有发展潜力和培养前途的优秀中青年干部定点挂职扶贫。地方各级党政机关要根据当地实际，切实做好定点扶贫工作。结合定点帮扶工作，开展"四群"教育、"三深入"活动，为贫困群众办实事解难事。

（二十六）推进沪滇对口帮扶合作。按照"提质、提速、提效"的总体要求，科学谋划沪滇对口帮扶合作，不断创新对口帮扶合作新思路、新举措和新机制，完善对口帮扶资金投入稳步增长机制，拓展对口帮扶合作新领域，深化对口地区和部门间的对口帮扶与合作。

（二十七）发挥驻军和武警部队的作用。本着就地就近、量力而行、有所作为的原则，充分发挥部队组织严密、突击力强和人才、科技、装备等优势，进一步发动驻滇部队参与驻地定点扶贫工作，实现军地优势互补，驻滇部队师以上单位均应参加定点扶贫。

（二十八）建立企业参与扶贫机制。引导和鼓励企业参与扶贫开发，搞好村企共建、结对帮扶、项目投资发展等帮扶活动，鼓励非公企业加大扶贫投入力度，并按照有关规定落实优惠措施。

（二十九）动员社会参与扶贫。动员和鼓励社会组织及个人参与扶贫，积极倡导扶贫志愿者行动，鼓励工会、共青团、妇联、残联、工商联、科协、侨联等群团组织以及海外华人、华侨参与扶贫，充分发挥扶贫慈善组织的积极作用。

（三十）加强外资扶贫。拓宽渠道，加强扶贫领域的国际交流与合作，争取国际金融组织和外国政府贷款赠款，规范与境外非政府组织的扶贫合作。借鉴国际社会减贫理论和实践，共享减贫经验，探索内外资合作扶贫新模式，提高外资扶贫水平。

六、创新扶贫开发政策措施

（三十一）政策体系。各级各部门要用足用好国家扶持政策，完善有利于贫困地区、扶贫对象发展的扶贫战略和政策体系，健全有利于发挥专项扶贫、行业扶贫和社会扶贫综合效益的制度体系，巩固和发展"政府主导、部门协同、定点扶贫、对口帮扶、社会参与、群众主体"的大扶贫工作格局。对扶贫工作可能产生较大影响的重大政策和项目，进行贫困影响评估。继续做好连片特困地区以外重点县、贫困乡（镇）、贫困村的扶贫工作，原定重点县扶持政策保持不变。制定鼓励重点县加快经济发展、增加群众收入、减少贫困人口、争先进位的激励政策，实现重点县数量逐步减少。脱帽重点县原有支持力度不减。

（三十二）财税政策。根据扶贫标准提高、帮扶对象增多和帮扶难度加大的客观实际，大幅度地增加财政扶贫资金的投入。调整财政资金支出结构，建立各级财政扶贫资金投入稳定增长机制，按照不低于地方财政一般预算收入的增长比例增加扶贫投入，新增财政扶贫资金主要用于深度贫困群体帮扶和连片特困地区扶持。进一步加大对贫困地区的转移支付力度和民生改善投入力度，逐步降低扶贫对象在教育、医疗和社会保障等方面的负担。加大对贫困地区的贷款贴息支持力度。建立资源税向贫困地区资源产地倾斜的分配制度，资源产地地方财政资源税新增部分，主要用于当地扶贫开发。对贫困地区国家鼓励发展的国内投资项目和外商投资项目进口设备，在政策规定范围内，免征关税。国家重点扶持的公共基础设施项目投资经营所得，依法享受"三免三减半"优惠。企业符合条件的技术转让所得，不超过500万元的部分，免征企业所得税；超过500万元的部分，减半征收企业所得税。引导和鼓励国有或国有控股企业按照上年度利润总额一定比例募集扶贫资金。动员鼓励非公企业捐资扶贫。企业用于扶贫事业的捐赠，符合税法规定条件的，可按照规定在所得税税前扣除。民政接收的捐赠和烟草、金融等企业的各类社会捐赠，要重点向贫困地区、贫困人口倾斜。各州（市）应本着"属地募集、属地受益"原则，积极动员当地企业参与扶贫攻坚。

（三十三）投资政策。各级基本建设支出要重点用于贫困地区基础设施、民生改善、社会事业、结构调整、生态保护等建设项目，加大对村级公路建设、农业综合开发、土地整治、小流域与水土流失治理、农村水电建设等的支持力度。

中央在贫困地区安排的公益性建设项目，取消县级以下（含县级）以及连片特困地区州（市）级配套资金。积极引导民间资本投入，创新直接融资方式，拓宽产业发展资金来源，鼓励多元资金投入扶贫开发。积极利用国际金融组织和外国政府优惠贷款。

（三十四）金融政策。完善扶贫贴息贷款激励政策，逐步提高贴息额度，延长贴息期限。积极推进贫困地区金融产品和服务方式创新，鼓励开展小额信用贷款。继续实施残疾康复扶贫贷款项目。引导民间借贷规范发展，多方面拓宽贫困地区融资渠道。灵活运用货币政策，引导和支持贫困地区县域法人金融机构加大信贷支持力度，鼓励和支持贫困地区县域法人金融机构将新增可贷资金的70%以上留在当地使用。建立健全贷款风险补偿机制，鼓励贫困地区各级政府通过资本金注入和税费减免等方式，支持融资性担保机构从事中小企业、农业龙头企业担保业务。积极发展农村保险事业，鼓励保险机构在贫困地区建立基层服务网点。完善财政农业保险保费补贴政策。针对贫困地区特色主导产业，鼓励当地发展特色农业保险。

（三十五）产业政策。落实西部大开发各项产业政策。国家大型项目、重点工程和新兴产业要优先向符合条件的贫困地区安排。优先审批和核准省级权限范围内贫困地区的产业项目。制定贫困地区承接产业转移的优惠政策措施，引导劳动密集型产业向贫困地区转移。实行差别化的产业政策。对贫困地区特色优势产业项目给予倾斜，烟草等特色优势产业优先覆盖适宜烟叶生长的贫困地区。支持贫困地区资源合理开发利用，在保护生态环境的前提下，支持贫困地区合理有序开发利用矿产、水电资源，对贫困地区矿业与水电开发结合、技术水平先进的清洁载能工业给予优惠政策。建立贫困地区资源开发带动贫困群众脱贫致富的联结机制。加强贫困地区市场建设，加快贫困地区物流、信息流体系建设。

（三十六）土地政策。按照国家耕地保护和农村土地管理规定，对涉及扶贫开发项目的建设用地给予倾斜，新增用地指标优先满足贫困地区易地扶贫搬迁项目等建设用地需求，合理安排小城镇和产业聚集区建设用地。加大土地整治力度，在项目安排上，向有条件的重点县倾斜。在贫困地区稳步开展建设用地增减挂钩试点工作。鼓励通过市场化的耕地占补平衡模式，合理有序开发利用土地资源。建立贫困地区耕地保护补偿机制，满足确保粮食安全的基本用地需要。在土地征收中，可采用农民土地参股、效益提成等补偿形式，使失地农民的利益得到长期有效保障。对土地等要素资源相对丰富的地区，结合农村土地流转制度、集体林权制度等体制改革，积极探索增加财产性收入的扶贫开发新模式，采取承包、租赁、转包、参股等方式，加大土地集约化经营力度，推进集体林权等生产要素资本化运作，实行土地等生产要素流转最低保护价制度，增加农民家庭经营性收入和财产性收入。

（三十七）生态补偿政策。认真落实国家西部大开发生态补偿政策，按照"谁开发谁保护、谁受益谁补偿"的原则，建立健全生态补偿向贫困地区倾斜的长效机制，逐步扩大补偿范围，提高补偿标准。加大对贫困地区重点生态功能区的生态补偿力度。落实草原生态保护补助奖励政策。矿冶、水电、化工、旅游等资源型企业应拿出一定比例资金，专项用于贫困地区环境综合治理、生态补偿和解决因资源开发带来的民生问题。高度重视贫困地区的生物多样性保护。

（三十八）人才政策。制定引导鼓励大中专院校、科研院所、医疗机构为贫困地区定向培养人才的政策。引导大中专毕业生到贫困地区就业创业。积极组织教育、科技、文化、卫生等行业人员和志愿者到贫困地区服务。继续选派科技扶贫团、科技特派员到重点县和片区县工作。制定鼓励政策，对长期在贫困地区工作、实绩突出的干部，给予表彰并注意提拔使用，专业技术人员在职级晋升时，同等情况优先考虑。对定点扶贫和东西扶贫协作挂职干部要关心爱护，妥善安排他们的工作、生活，充分发挥他们的作用。落实完善贫困地区机关和事业单位人员的工资待遇政策，逐步提高工资水平，落实艰苦边远地区津贴动态调整制度。发挥创业人才在扶贫开发中的作用。加大贫困地区干部和农村实用人才的培训力度。实施贫困地区干部和扶贫系统干部培训规划及人才发展规划，为全面实现新阶段扶贫开发目标提供人才支撑。强化贫困地区党政领导干部和扶贫系统管理人才培养。贫困地区领导干部和扶贫部门干部的培训要纳入各级党政干部培训规划。

七、加强领导精心组织实施

（三十九）强化扶贫开发责任。坚持"省级统筹、州（市）负总责、县抓落实"的管理体制，建立以片为重点、工作到村、扶贫到户的工作机制，实行各级党政一把手负总责、部门领导是行业扶贫第一责任人的扶贫开发工作责任制。特别是片区县和重点县要加强对扶贫开发工作的领导。进一步强化各级扶贫开发领导小组综合协调职能，加大政策统筹、资源整合力度，扎实推进各项工作。完善各级领导干部定点挂钩帮扶制度，省级领导挂钩到县，州（市）级领导挂钩到乡，县级领导挂钩到村，党员干部结对帮扶到户。

（四十）加强项目资金监管。完善扶贫资金和项目管理办法，建立健全协调统一的扶贫资金管理机制。按照"谁使用、谁负责"的原则，县（市、区）党委、政府对扶贫资金管理使用、安全运行、廉政情况负全责。严格执行扶贫项目资金公告公示、回补报账、项目验收、后续管理、督促检查等制度。强化扶贫绩效考评，把考评结果作为扶贫项目资金分配的重要依据，加大以奖代补力度，做到扶贫资金投入力度与农民增收挂钩，扶贫项目安排力度与扶贫对象数量减幅挂钩。深入推进廉洁扶贫行动，全面推行扶贫项目廉政承诺、廉政评议、贫困群众廉政评议员制，扎实推进阳光扶贫工程，大力开展廉政文化"七进"扶贫活动，拓宽监督渠道，筑牢上级监督、人大和政协监督、部门监督、监察审计监督、群众监督和社会舆论监督"六道"防线。各级纪检监察部门对项目的实施管理要跟踪问效，全程监督。坚决查处挤占挪用、截留和贪污扶贫资金的行为。

（四十一）加强统计监测。健全扶贫开发信息和统计监测系统，不断加强扶贫统计和贫困监测规范化、制度化建设。强化扶贫统计监测管理责任，统计调查部门要组织实施好农村贫困监测统计调查，依法依规定期发布贫困监测数据，加强数据质量监控和对统计调查的统筹协调管理。各级扶贫部门要与发展改革、财政、国家调查、统计、民委、民政、审计、农业、残联等有关部门建立扶贫统计监测协作机制，共享信息。完善扶贫统计调查及监测经费保障制度，做好扶贫对象建档立卡动态管理工作，加快扶贫统计调查数据中心建设，及时客观反映贫困状况、变化趋势和扶贫开发工作成效，为党委、政府科学决策提供依据。

（四十二）加强基层组织建设。在贫困地区扎实开展"跨越发展先锋行动"，深化拓展"云岭先锋"工程、边疆党建长廊建设，把贫困地区基层党组织建设成为推动发展、服务群众、凝聚人心、促进和谐的坚强战斗堡垒。选好配强村级领导班子，以强村富民为目标，以强基固本为保证，积极探索发展壮大集体经济、增加村级集体积累的有效途径，拓宽群众增收致富渠道。把扶贫开发与基层组织建设有机结合起来，在贫困地区全面开展组织领富、党员带富、群众致富为主要内容的"创业致富先锋行动"。鼓励和选派思想好、作风正、能力强、愿意为群众服务的优秀年轻干部、退伍军人、大学毕业生、回乡创业青年到贫困村工作，帮助建班子、带队伍、抓发展。加强农村党风廉政建设。建立以乡（镇）、村、组"三级联治"为基本框架的乡村管理新模式，维护农村社会稳定。

（四十三）加强扶贫队伍建设。进一步强化各级扶贫机构及其职能，加强队伍建设，改善工作条件，提高管理水平，增强综合协调能力。各州（市）、县（市、区）要建立强有力的扶贫工作机构，并确保在机构设置、人员配备、经费保障等方面适应新阶段扶贫开发任务的需要。各级扶贫部门要大力加强思想、作风、廉政和效能建设，提高执行能力。

（四十四）建立激励约束机制。加强对扶贫开发工作的督促检查和考核评估。各级党委、政府督查部门要把纲要的贯彻作为重要督查事项，对工作不力，不能如期完成目标任务的有关责任人进行问责。层层签订扶贫开发目标管理责任状，明确重要政策措施的部门任务责任，完善扶贫开发目标责任考核奖惩办法，对扶贫对象数量减少、农民收入增幅、财政投入力度、收入差距控制、廉洁扶贫等情况进行重点考核，把考核结果作为州（市）、县（市、区）、乡（镇）工作业绩的重要标准，作为干部选拔任用的重要依据。

（四十五）加强扶贫研究和宣传工作。切实加强扶贫理论和政策研究，对全省扶贫开发实践进行系统总结，不断提高扶贫开发决策水平。制定农村扶贫开发条例，使扶贫工作走上法制化轨道。把扶贫开发纳入基本省情教育范畴，作为各级领导干部教育培训的重要内容和学校教育的参考资料。大力宣传扶贫开发政策、成就、经验和典型事迹，营造全社会参与扶贫的良好氛围。

（四十六）本纲要由省人民政府扶贫开发工作机构负责协调并组织实施。各州（市）、县（市、区）要根据本纲要，制定具体实施办法。